DER VERLAG FÜR BESONDERE BÜCHER
WWW.BESTOFFVERLAG.DE

Bibliografische Information der Deutschen Bibliothek:

Die Deutsche Nationalbibliothek verzeichnet diese Publikation in der
Deutschen Nationalbibliografie; detaillierte bibliografische Daten sind
im Internet über dnb.d-nb.de abrufbar.

1. Auflage 2017
Dieses Buch ist die inhaltlich erweiterte Neuauflage von *"Liebe oder Illusion
– Trennungsschmerz lösen, frei werden für Glück"* (ISBN 978-3-942427-37-1),
erschienen im Jahr 2015 im selben Verlag.

Titelbild: Octavio Ocampo: „Manzanas del amor"
Gesamtgestaltung und Satz: GrafikwerkFreiburg

Printed in EU

Postfach 12 03 47
D-93025 Regensburg
Tel. +0049 (0)9404 / 96 14 84
Fax +0049 (0)9404 / 96 14 85
E-Mail: info@best-off-verlag.de
Homepage: www.best-off-verlag.de
Shop: www.bestoffverlag.de

ISBN 978-3-96133-072-0

Wir danken der Edition Olms, Zürich, sehr herzlich für die freundliche
Abdruckgenehmigung aus dem umfangreichen Kunstband über Octavio
Ocampo „Arte Metamórfico" (ISBN 978-3-283-01212-0)

Sylvia Führer

Liebe oder Illusion?

Vom Überkick zum Überblick

Kreativlektorat: Dieter Suger

Im Andenken an meine liebe Freundin Sibylle,
die im Alter von 18 Jahren ihrem Liebeskummer erlag

Allen suchenden Herzen
auf ihrem Weg zu bleibender Erfüllung
in der Liebe gewidmet

„Sag mir, war jene Nacht im Angesicht des Mondes sinnlos?
War der Einklang unserer Seelen im Schatten des Jasmins umsonst?
Sind wir zu schnell zu den Sternen empor gestiegen,
so dass unsere Flügel ermatteten und wir in den Abgrund stürzten?
Haben wir die schlafende Liebe zu früh geweckt,
dass sie uns nun für die Störung bestraft?
Hat die Erregung unserer Seelen die Brise der Nacht
in einen Sturm verwandelt,
der uns wie Staubkörner in die Tiefen des Tales wehte?

Wir haben weder ein Gebot übertreten noch eine verbotene Frucht
gekostet. Warum wurden wir aus dem Paradies vertrieben?"

Khalil Gibran[1]

[1] Khalil Gibran „*Gebrochene Flügel*" in Khalil Gibran „*Sämtliche Werke*" Band 1, Ostfildern 2011, S. 69.

Inhalt

Einleitung zur Neuauflage
„Liebe oder Illusion?"

Dieses Buch gründet in einer eigenen Erfahrung, die mich nachdenklich gestimmt hat. Ich möchte sie mit Menschen teilen, die weiterhin an die große Liebe glauben, selbst wenn sie bereits herbe Enttäuschungen durchlebt haben.

„Liebe oder Illusion?" widmet sich diesem Thema und verbindet dabei das Heitere mit dem Ernsten. Zusammenhänge zwischen Innen und Außen, Wünschen und Handeln, zwischen Pannen und Präsenz werden besser durchschaubar, sodass manches Ungemach rückblickend noch ein gutes Ende nehmen kann.

Rege Resonanz in den zwei Jahren seit Veröffentlichung der ersten Auflage hat erkennen lassen, dass dieses Buch von Erwachsenen verschiedenster Altersgruppen in unterschiedlichsten Lebenslagen gelesen wird.

Viele meiner Leser stehen heute in einer erfüllenden Partnerschaft. Sie entwickeln Freude daran, frühere, mit Illusionen behaftete Erfahrungen aufzuarbeiten und als Anekdoten ihrer Liebesbiografie einzuordnen. Manch ein Leser hat durch dieses Buch entdeckt, dass sein Herz frühere Verletzungen bereits in Perlen verwandelte. Anderen wiederum hat es geholfen, erstmals auch unangenehmen Erfahrungen einen Wert abzugewinnen.

Meine Leser sind beherzte Menschen, die sich für die Verwirklichung ihrer innersten Wünsche einsetzen. Es sind friedliche Kämpfer, die zu sich selbst stehen und den Blick nach Innen wagen. Dabei schauen sie sich auch übernommene, hergebrachte Verhaltensmuster an, um sie zu transformieren. In ihre lebendigen Beziehungen möchten sie gern noch mehr Fantasie einbringen und auftauchende Konflikte möglichst kreativ lösen.

Die mutigsten meiner Leser sind sehr jung, häufig gerade über den ersten Schmerz einer Abweisung oder Trennung hinweggekommen. Nun streben sie nach Klarheit in sich selbst, um in Zukunft mehr Glück in der Liebe zu erfahren. Auch möchten sie lieber heute als morgen die Kette unglückseliger Muster und Verbindungen auflösen.

Viele meiner Leser wollen lernen, wie man sich im Guten trennen kann, um endlich einer quälenden gegenseitigen Abhängigkeit zu entkommen. Wieder andere lesen das Buch einfach, um sich von Geschichten des Lebens berühren zu lassen. Oder man nutzt das Buch als Inspiration, um Mitmenschen beratend beistehen zu können.

Mehrere Leser merkten an, das Buch könne im Haupttitel auch „Liebe *und* Illusion" heißen. Das wäre durchaus denkbar, denn auch innerhalb einer erfüllenden Beziehung zählt es, sie für sich selbst zu erkennen: die Illusionen, die ihren Ursprung meist in der Fixierung auf eigene Wunschvorstellungen haben. Unentdeckt können sie ihr Unwesen treiben und zu Missverständnissen und Irritationen führen.

Erkennen wir unsere Illusionen der Liebe und gehen konstruktiv mit ihnen um, so bilden Paarbeziehungen tiefere Wurzeln aus und erblühen prachtvoller: ein Weg, der Schein und Trug hinter sich lässt und zu authentischer Begegnung hinführt. Jetzt nehmen wir die ungeschminkte Seele eines anderen Menschen leichter wahr, in all ihrer Anmut und mit all ihren Verletzungen. Und vermögen nun diese Person – vielleicht – umfassend mit sehendem Herzen zu lieben. Als Autorin dieses Buches sehe ich mich selbst ebenfalls mit auf diesem Weg.

Die Tatsache, dass mein Leserkreis vielschichtiger zusammengesetzt ist, als ich ursprünglich dachte, hat mich bewogen, für die Neuauflage einen anderen Untertitel zu wählen und das Buch mit Nuancen und Beispielen zu ergänzen, die es breiter gefächert einsetzbar machen. Vor allem habe ich jetzt auch Aspekte gelebter Partnerschaften mit in den Vordergrund gerückt.

Freiburg, im Dezember 2016,   *Sylvia Führer*

Ein Vorwort von Hans Jellouschek: Autonomie und Bindung

Die Liebe führt Frauen und Männer zusammen, bezaubert, verbindet sie. Viele sehen die Liebe als die wichtigste Quelle des persönlichen Glücks an. Oft ist jedoch ein langer Weg zurückzulegen, bis eine Liebesbeziehung aufblühen und sich entfalten kann.

Nicht selten verlaufen sich Menschen in Irrungen und Wirrungen der Liebe. Beispielsweise bei einseitiger Verliebtheit, in der stets von neuem Hoffnung aufkeimt, um dann regelmäßig wieder der Enttäuschung zu weichen. Bei Dreiecksbeziehungen, in denen sich Entscheidungsprozesse im Kreis drehen. Oder im Wechselbad der Gefühle von Anziehung und Abstoßung inmitten einer gelebten Partnerschaft …

Doch wie kommt es zu derartiger Ambivalenz? Gestützt auf meine über 30-jährige Erfahrung als Paartherapeut komme ich zur Feststellung: Eine weit verbreitete Ursache ist, dass sich viele für ihre Partnerschaft eine gänzlich symbiotische Verschmelzung erträumen oder eine solche zu verwirklichen trachten. In emotionaler Abhängigkeit verharrend, möchten sie wechselseitig ganz in der Welt des Anderen aufgehen. Schauen wir genauer hin, so bemerken wir, dass derartige Sehnsüchte ihren Ursprung meist in der Kindheit haben.

Das folgende Szenario und dessen unreflektierte Weitergabe von Generation zu Generation ist hier häufig anzutreffen: Während der früh-kindlichen Phase mangelt es einigen an der bergenden, tragenden Ureinheit mit der Mutter. Zudem geraten Kinder in der weiteren Entwicklung nicht selten in die Rolle, sich für die Lebensfreude ihrer Eltern oder eines Eltern-teils verantwortlich zu fühlen. Infolgedessen gestaltet sich die Ablösung von den Eltern entweder unvollständig oder zu radikal.

Als Erwachsene versuchen diese Frauen und Männer, in ihren Liebesbeziehungen wiederum jene Art der bedingungslosen Zuwendung zu
geben und zu bekommen, die ihre Nahrung aus unerfüllten Sehn-
süchten der Kindheit bezieht. Für eine Weile kann dies gutgehen.

Bald jedoch müssen die Partner erkennen, dass sie sich nicht auf Dauer
geben können, was in der Kindheit ausblieb. Die Eltern-Kind-Bindung
ist niemals auf Dauer angelegt; vielmehr trägt sie von Anfang an den
Keim der Ablösung in sich!

Eine reife Bindung in Form einer Paarbeziehung bedeutet und erfordert
also etwas anderes – doch was?

Die reife Bindung braucht persönliche Autonomie! Diese allerdings kann oft erst in einem engagierten Weg der Selbstfindung erreicht
werden. Denn Autonomie ist die Fähigkeit, bei sich selbst zu bleiben
und aus sich selbst eigenständig zu handeln.

Häufig erst nach heftigen Krisen erlangen die Partner die Fähigkeit,
autonom zu sein und ihre Unterschiede in ein umfassendes Wir zu integrieren. Dann beginnen sie, harmonisch miteinander zu kooperieren.
Sie lernen sich immer tiefer kennen und lieben, um vielleicht zusammen
ein Engagement im sozialen, familiären, künstlerischen, spirituellen …
Bereich zu entwickeln. Aus inneren Quellen schöpfend, finden sie eine
Ausrichtung auf ein kostbares gemeinsames Drittes. Es ist natürlich
besonders erfreulich, wenn gerade aus einer Krise heraus der Anstoß zu
einer solch positiven Entwicklung erwächst.

Doch nicht jede Beziehungskrise kann im Sinne des Wiederzueinander-
findens bewältigt werden. Es gibt Konstellationen, in denen eine endgültige
Trennung als Paar der angemessene Weg ist. Wenn einer Liebesverbindung

jegliche Grundlage fehlt, um glücklich gelebt zu werden, indem sie sich als einseitig erweist oder sich die Partner heillos miteinander verstrickt haben, so ist es tatsächlich am sinnvollsten, sie zu lösen. Mitunter gelingt jedoch auch dies nicht ohne Weiteres, selbst wenn der Entschluss dazu längst außer Zweifel steht.

An diesem Punkt setzt Sylvia Führer an: Ausgangslagen ihres Buches sind unverdaute Trennungen, Zurückweisungen oder qualvolle Partnerschaften, bei denen an Wunschvorstellungen festgehalten wird. In derartigen Situationen bedarf es einiger Willensanstrengung sowie bewusster Selbstfürsorge und Freundschaftspflege, um nach und nach aus dem Leid herauszufinden.

Erfreulicherweise lässt sich jedoch auch unter diesen Bedingungen bereits Autonomie üben. Sie fördert bei beharrlichem Liebeskummer die Ablösung. Darüber hinaus gelingt durch sie der Abschied von einem Bindungsmuster, das dazu verleitet, vollkommen ineinander aufgehen zu wollen. Das Einüben persönlicher Autonomie hilft, in ruhigeres Fahrwasser zu gelangen, zufriedener zu werden und allmählich Kurs auf eine erfüllte Beziehung zu nehmen.

Der von Sylvia Führer vermittelte Ansatz ist ein Anstoß auf diesem Weg, welcher für jeden Menschen individuelle Herausforderungen bereithält. Stets handelt es sich hierbei um einen spannenden, länger währenden Prozess. Ich kann mir das Buch als Lektüre vorstellen, der man sich in nachdenklicher Zeit gerne zuwendet, auch in Ergänzung zu einer Psychotherapie.

Die optisch ansprechende Darstellung der Inhalte macht es leichter, die erforderliche Ausdauer und Geduld mit sich selbst aufzubringen. Die kreative Aufteilung der festhaltenden Kräfte in verschiedene „illusionäre Gesichter" schafft zudem eine Struktur, die klärend wirken kann, wenn man sich im Liebesleid verfangen hat und bei sich selbst immer wieder ähnliche Muster wahrnimmt. Dabei wird jede Leserin und jeder Leser eigene Schwerpunkte setzen. Roter Faden der helfenden Gedanken ist hier die Betrachtung der *Gesichter* aus der Nähe, die zu einer Reise zu heilsamen inneren Quellen einlädt. „Unterwegs" können bald schon ureigene, persönliche Schätze gehoben werden. Selbst peinigender Trennungsschmerz vermag zu einer spirituellen Erfahrung auszureifen, wenn man ihn annimmt und durch ihn hindurchgeht.

Wer – wie es „*Liebe oder Illusion?*" vorschlägt – sich immer wieder darauf einlässt, die eigenen Gefühle in ihrer Vielschichtigkeit und Differenziertheit wirklich wahrzunehmen, der übt *Achtsamkeit mit sich selbst*. Mittels *Achtsamkeit* wird uns bewusst, was wir fühlen oder in uns ausgelöst wurde. Dann entscheiden wir, wie wir mit diesen Gefühlen umgehen möchten und schaffen dadurch einen Raum *innerer Freiheit*.

Es lohnt sich, sie zu erlangen und zu bewahren, diese innere Freiheit! Denn sie ist ein wichtiger Schlüssel für ein rundum erfülltes Leben sowie für eine künftig glückliche Paarbeziehung. Freiheit befähigt, nicht länger zwanghaft („automatisch") auf Situationen zu reagieren, sondern souverän, aus bewusstem Entschluss. Victor Frankl formulierte dies so: „Zwischen Reiz und Reaktion liegt die Freiheit."

Vielgestaltig vermittelt „*Liebe oder Illusion?*" Wege, um Fixierungen zu lösen, Achtsamkeit zu entwickeln und emotional eigenständig zu werden. Dieses Buch kann zu einem Wegbereiter für mehr innere Zufriedenheit und für eine glückliche Partnerschaft werden.

Ammerbuch-Entringen, im März 2015　　　　　*Dr. Hans Jellouschek*

Einführung

Begeisterung, Euphorie, Sehnsucht: Wer kennt sie nicht, die aufregenden Zeiten, in denen das Herz für einen anderen Menschen frisch entflammt ist? Alles Denken und Handeln konzentriert sich auf den einen Punkt: Kontakt zu diesem Traum von Partner zu halten, diesen Menschen zu verwöhnen! Verliebtheit führt meist zu vereinnahmendem Verhalten. Für die Wissenschaft steht fest: Die Hormonausschüttung in den Gehirnen von Verliebten kommt der Wirkung einer natürlichen Droge gleich. Wir erleben – den *Überkick!*

Bleibt aber die Erwiderung starker Gefühle aus oder kommt es in einer Beziehung zur Trennung, so ist der überbordende emotionale Schmerz oft kaum zu ertragen. Botenstoffe überfluten den gesamten Organismus, vor allem die Stresshormone übernehmen das Kommando, alles spielt verrückt. In einer solchen Lage ist es äußerst hilfreich, Möglichkeiten zu kennen, sich aus der engen Bezogenheit zu lösen und sich von aufgewühlten Emotionen zu befreien.

In diesem Buch befassen wir uns mit Irrungen der Liebe und genau genommen mit folgenden Fragen:

> *Wie kann ich auf besonnene Weise eine unglückselige Verbindung zu einem Menschen lösen, der für mich unerreichbar ist oder der mich zutiefst verletzt hat?*
> *Was kann ich dabei über mich selbst lernen?*
> *Wie gewinne ich meinen inneren Frieden zurück und wie kann ich an einer harmonischen Beziehung arbeiten?*

Auf diese Fragen werden Antworten skizziert, die kein in sich geschlossenes System bilden, sondern zu weiteren Erkundungen animieren. Hier eröffnet sich der Horizont einer Welt, in der sich nach und nach alles wandeln kann: Schmerz in Weisheit. Enge in Weite. Aussichtslosigkeit in ein Universum neuer Möglichkeiten!

Um dem Leser etwas an die Hand zu geben, das zu einer tiefen inneren Transformation beizutragen vermag, arbeitet dieses Buch mit der Kraft berührender Worte und Bilder. Humor und Lachen spielen dabei eine ebenso große Rolle wie Tiefgründigkeit und Verstehen.

Die zentralen Kapitel von „Liebe oder Illusion?" veranschaulichen zunächst mögliche Irrungen, um in der Folge in gesammeltem, meditativem Ton zu Einkehr und innerem Glück einzuladen: eine Voraussetzung dafür, künftige Begegnungen unbefangen erleben zu können.

Um auf diesen Weg einzuladen, werden zunächst mit sieben *illusionären Gesichtern* mögliche Felder des Leidens beschrieben. Dann betrachten wir diese Situationen aus der Nähe und entdecken darin Faszinierendes, das aus der Ferne unerkannt geblieben wäre, jetzt aber völlig neue Perspektiven eröffnet.

Übungen und Meditationen im Buch unterstützen den Suchenden, das Gelesene direkt in die Praxis umzusetzen und im persönlichen Sinne weiterzuentwickeln. Bei Bedarf reichen für die meisten dieser Aufgaben wenige Augenblicke, um sie in den eigenen Tagesablauf zu integrieren.

Die Kapitel 2–8 dieses Buches beginnen jeweils mit einer humorvollen Betrachtung von Irrungen der Liebe und deren Hintergründen. Dann folgt ein klärender Teil: Dieser beinhaltet auflösende, stärkende Gedanken und kleine Meditationen. Neue Sichtweisen entstehen, aufs Beste unterstützt durch Ocampos Kippbilder.

Die beiden Teile der Kapitel – der humorvolle und der klärende – darf man sich in direkter Abfolge zu Gemüte führen, aber auch zeitlich versetzt: Beispielsweise kann man sich am Morgen den amüsanten Texten zuwenden und am Abend die Auflösungsteile lesen.

Meditationen, kleine Anregungen zur persönlichen Reflexion und Übungen habe ich möglichst eingängig formuliert, damit man sich unmittelbar in hilfreiche innere Bilder und Gedanken hineinbegeben kann. Diese Einschübe im Text heben sich hervor durch kursive Schrift und Einrückung, sodass man selbst bestimmen kann, ob und wann man sich ihnen zuwenden möchte.

Mit seiner verlässlichen Struktur dient „Liebe oder Illusion?" vielen als eine Art Arbeitsbuch.

Sprache und Gefühlswelt

„*Liebe oder Illusion?*" richtet sich gleichermaßen an Frauen wie Männer. Die Wörter „Partner", „Auserwählter", „Verliebter", „Traumprinz", „der Andere" ... beziehen sich immer auf beide Geschlechter gemeinsam. Hin und wieder habe ich auch männliche und weibliche Formen in buntem Wechsel notiert. Im konkreten Fall also ohne tiefschürfende Bedeutung.

Dabei ist mir bewusst, dass die in diesem Buch überzeichnet beschriebenen Verhaltensweisen in der Regel unterschiedliche Ausprägungen haben, je nachdem, ob sie bei Frauen oder bei Männern auftreten. *Liebe oder Illusion?* richtet seinen Fokus jedoch auf das allgemein Menschliche. Ich gebe dem Leser Skizzen skurriler menschlicher Verhaltensweisen an die Hand, als Einladung zum Auflösen, Verzeihen und Lachen.

Die neutralen bzw. weiblichen Namen der illusionären Gesichter folgen dem allgemeinen Sprachgebrauch und ordnen sich in die Struktur unserer Sprache ein („die Strategie").

Gleich inneren Dialogen, die nach und nach andere Menschen einbeziehen, gestaltet sich in diesem Buch die Ansprache mal mit „du", mal mit „wir", mal in der ich-Form oder mit dem unpersönlichen „man".

Ein paar Worte zu Kernbegriffen dieses Buches möchte ich noch anfügen. Wir haben es hier mit den häufigsten Formen des unglücklichen „Liebens" oder Sehnens zu tun, für die vor allem eines gilt: Wir würden sie gerne loslassen, um zu tiefer Zufriedenheit zu gelangen. Daher verstehen sich Übergänge als fließend in Begrifflichkeiten wie z. B. „verliebt sein", „lieben", „jemanden auserwählt haben", „sich in jemanden verlieren", „dem früheren Partner nachtrauern" …

Vielleicht mag es ungewohnt klingen: Das Buch sucht nach einem gemeinsamen Nenner bei allen Formen des Festhaltens an unglücklicher Liebe.[2] Denn will man dem Liebeslabyrinth entkommen, so gibt es Auswege, die sich untereinander sehr ähneln – unabhängig davon, welche Form die Begegnung oder Beziehung bereits angenommen hatte.

Um solche Auswege aufzuzeigen, arbeitet dieses Buch mit einem neuen Ansatz, den ich zugleich als imaginativ und kreativ bezeichnen möchte.

[2] Falls das Festhalten jedoch nicht nur emotional bedingt ist, sondern auch das Wohl gemeinsamer Kinder bedacht werden muss, so ist es empfehlenswert, Literatur zu diesem Thema ergänzend zu Rate zu ziehen.

Zusammenspiel von Text und Bild

Es war eine glückliche Fügung, dass ich vom mexikanischen Künstler Octavio Ocampo acht ganz besondere Bilder entdeckte. Sie sind bei der Edition Olms, Zürich, innerhalb des umfangreichen Kunstbandes „Arte Metamórfico" erschienen, der diesem Maler gewidmet ist. Ocampo arbeitet bei diesen Bildern mit optischen Illusionen, so wie ich von emotionalen Illusionen spreche.

Konkret bedeutet das: Im Text überrasche ich die Leser damit, dass sich Liebes-Illusionen aus der Nähe besehen auflösen und erfreulichen Entwicklungen Raum geben. Bei Ocampos Bildern sehen wir im Detail das Pulsieren verspielten Lebens: Kompositionen aus Blumen, ein paar Vögel, den Tanz der Schmetterlinge. Aus einiger Entfernung betrachtet arrangiert sich alles neu und komponiert überraschende Aussagen. In beiden Richtungen – Nah-Fern und Fern-Nah – sind diese Bilder ein hochinteressantes surreales Abenteuer, das dem Leser in spannender Analogie zum Buchtext begegnet.

Mich erfüllt mit großer Freude, diesen Kunstwerken begegnet zu sein, als ich das Buch schon weitgehend fertig geschrieben hatte. Zu meinen Ausführungen passen sie so genau, als hätte ich den Text von Anfang an nur diesen Bildern gewidmet. Umgekehrt ausgedrückt: als ob Ocampos Werke für *„Liebe oder Illusion?"* gemalt worden seien. Eine glückliche Fügung eben!

Natürlich ist in den acht Bildern des bekannten Illusionisten noch viel mehr enthalten! Die außergewöhnliche, metamorphische Kunst Ocampos lässt viel Raum für Fantasie und für vielfältige Interpretationen. Einige weitere Inspirationen aus Octavio Ocampos metamorphischer Kunst finden sich in Kapitel 10 des vorliegenden Buches.[3]

---

[3] Ausführliche Informationen zu Ocampos Werdegang und Schaffensphasen finden sich in der Einleitung des viersprachigen Kunstbandes „Arte Metamórfico".

Kooperation und Dank

Der Edition Olms, Zürich, möchte ich meinen allerbesten Dank für die freundliche Abdruckgenehmigung der acht Bildbeispiele aus „Arte Metamórfico" aussprechen und an dieser Stelle den Maler Octavio Ocampo in Mexiko herzlich grüßen: „¡Su obra es maravillosa!"

„Liebe oder Illusion?" wurde von mehreren praktizierenden Psychotherapeuten unterschiedlicher Schulen durchgesehen und von ihnen als hilfreich für Menschen befunden, die gerade unglücklich lieben. Ich danke in herzlicher Verbundenheit Susanne Schramm, Brigitte Endres-Steinfeld und Daniel Wilk für die Durchsicht meines Skriptes.

Insbesondere hat Dr. Tilmann Lhündrup Borghardt, Arzt, Meditationslehrer und Begründer des Instituts für Essenzielle Psychotherapie in Bad Hennef, mit Sorgfalt alle Grundüberlegungen und Zusammenhänge im Buch geprüft. Dafür danke ich sehr herzlich! Großer Dank richtet sich ebenso an den Mediziner Prof. Dr. Wolfgang Langosch für einen ausführlichen Gedankenaustausch zum Manuskript. Auch meine Übungen und Meditationen wurden von Dr. Tilmann Lhündrup Borghardt und von Prof. Dr. Wolfgang Langosch geprüft.

Mit meinem gut befreundeten Kreativlektor Dieter Suger entspann sich ein feinfühliger Prozess des Arbeitens am Text im Hinblick auf die Bedürfnisse meiner Zielgruppe. Ich danke Dieter Suger sehr herzlich für sein großes Engagement und habe wie er unsere debattierfreudige Zusammenarbeit als gelungenen Ausdruck gegenseitiger Inspiration und Bereicherung erlebt.

Allen Freunden, die dazu beigetragen haben, dass dieses Projekt verwirklicht werden konnte, meinen herzlichen Dank! Speziell danke ich Dr. Michael Kalff, Steven T. Schreiber, Isabel Führer, Angela Broda,

Roland Buch, Katja Harwick, Friederike von Forster und Lily Jaschke für ihre Ermutigung und Rückmeldungen.

Dem Künstler Steven T. Schreiber sowie dem Darstellerpaar Jule Klister und Tilman Dreystadt danke ich vielmals für die einfühlsame Gestaltung des Films zum Buch! Sehr ansprechend wurden darin die Fantasiebilder der Liebe in Szene gesetzt.[4]

Die gut mit mir befreundeten Seminarleiter Frank Schulze und Claudia Müller haben ein auf verschiedene Zielgruppen ausgerichtetes Kursprogramm zu diesem Buch entwickelt und können jederzeit kontaktiert und gebucht werden (siehe Seite 149). Für ihren großen Einsatz herzlichen Dank. Zu Lesungen, Vorträgen und Kursen stehe ich selbstverständlich auch als Autorin gern zur Verfügung.

Der sehr engagierten Verlegerin Patricia Knorr-Triebe danke ich für die angenehme Zusammenarbeit und hoffe, mit diesem Buch einen Beitrag zum weiteren Gedeihen ihres Verlages leisten zu können.

---

[4] Den Film finden Sie unter www.stevesart.de, www.best-off-verlag.de sowie www.sylvia-fuehrer.de

1. Illusionen der Liebe: Wie die Geschichte beginnt

Mit der neuartigen Situation konnte ich gar nicht so leicht umgehen. Als Jugendliche hatte ich sonst die Erfahrung gemacht, dass man vieles schaffen kann, wenn man es sich nur intensiv genug vornimmt und sich kräftig dafür ins Zeug legt. Ob es nun das Geld war für eine Reise, das man sich verdienen musste, eine bestimmte Schulnote, die man erreichen wollte, oder ein neues Instrument, das man von der Pike auf lernte, um eine Musikgruppe zu gründen: Stets war es das eigene Tätigwerden, das einem alle Türen öffnete.

In der Freundschaft und Liebe war ich in jener Zeit über weite Strecken gut im Fluss. Ich erfreute mich wunderschöner erster Erfahrungen in der Liebe, meine Zuneigung wurde herzlich erwidert. Sogar meine Eltern vertraten die Ansicht, Liebe käme „direkt von Gott" – es sei ein Ruf, dem man unbedingt zu folgen habe.

Später geschah dann aber nach einer überwundenen Trennung das Unerwartete: Ich schenkte mein Herz vorbehaltlos jemandem, der mich nur als nette Urlaubsbekanntschaft angesehen hatte.

Meine Gedanken kreisten dennoch um diesen Menschen, mein Herz war offen und verletzlich. Ob ich es wollte oder nicht!

Die jungen Männer, die in dieser Zeit ernsthaft an mir interessiert waren, ließen mich emotional unberührt. Der Name des unglückselig Auserwählten mäanderte auf meiner Zunge, wenn ich nachts im Bett lag, doch erst nach einigem unruhigem Hin- und Herwälzen und einer schmackhaften Tafel Schokolade Schlaf fand. Tagsüber konnte ich nur mit einem hohen Maß an Selbstdisziplin gut meiner Arbeit nachgehen, aber insgesamt machte mich das Tageslicht freier.

Es kam, wie es kommen musste, und in einer besonders dunklen Nacht hatte ich gar bei dem Gedanken Zuflucht gesucht, nicht mehr in den Tag und nicht mehr ins Leben zurückzukehren. Ich hatte mein Gefühl für eine positive Verbindung zum großen Ganzen verloren.

Später wurde mir in Träumen und Gesprächen unendliches Leid bewusst: Der Schmerz all derjenigen, die sich euphorisch verliebt haben und danach in diesem unreflektierten Gefühl verharren, selbst wenn es einseitig ist. Frauen und Männer geben sich häufig weiterhin in eine unerfüllte Bindung hinein – sogar dann, wenn ihre Liebe ausgebeutet und für skrupellose Machtspielchen missbraucht wird.

Von diesen Einsichten tief betroffen, schrieb ich während eines Urlaubs einen humorvollen Text über sieben illusionäre Gesichter der Liebe und gab ihnen individuelle Namen. Die spielerische Personifikation der Illusion erlebte ich als spannend und befreiend. Dabei betrachtete ich die Zusammenhänge, die zu unglücklicher Liebe führen, so, als handle es sich um Kräfte außerhalb von uns selbst:

Illusionen der Liebe

*Wer oder was sind diese sieben **illusionären Gesichter**?*

Ich möchte sie beschreiben als trickreiche Wesen, die Menschen dazu verleiten, an einer aussichtslosen oder verflossenen Liebe festzuhalten. Sie schlagen uns in ihren Bann, verwickeln uns in Wunschvorstellungen über Traumpartner und führen uns emotional an der Nase herum.

Die sieben Gesichter sind etwas verträumt und meist wunderschön; manchmal wirken sie aber auch wie Schreckgespenster. Offensichtlich leben sie überall dort, wo Aussicht besteht, unsereins anzutreffen. In Städten. Auf dem Dorf. Im Fünfsternehotel, in „schnellen" und „langsamen" Restaurants, an der Strandpromenade ebenso wie in der Natur …

Zweifellos erhalten diese Gesichter ihre Lebenskraft nur durch den Menschen. Bisher habe ich noch nicht herausgefunden, wovon sie sich eigentlich ernähren! Aber wie dem auch sei … Ich würde sie jedenfalls zu gern mal aus der Nähe betrachten.

Ich ging in mich, meditierte, machte Musik, baute eine Harfe, unterhielt mich mit Freunden. Für mich bestätigte sich auf meinem Weg, dass es im Leben nicht allein darum gehen kann, sich in Aktivitäten zu verströmen, sondern auch darum, innehalten und loslassen zu lernen.

Als ich zurückschaute auf das damalige Problem, da stellte ich fest: Es hatte sich in Luft aufgelöst!

Seitdem ist viel geschehen. Ich lebe beruflich und privat ein erfülltes, sogar glückliches Leben.

So entschied ich mich, auf der Basis meiner früheren Gedanken dieses Büchlein zu veröffentlichen. Es möchte anderen Menschen Trost spenden, wenn sie sich beim Versuch, die große Liebe zu finden, in schwierigen Emotionen verfangen haben. Zudem zeigt das Buch Wege auf, sich von Verstrickungen dieser Art zu befreien.

Somit entstand vielleicht ein kleiner Führer hin zu möglichen Ausgängen aus dem Labyrinth unglücklichen Liebens. Meine Leser möchte ich bitten, sich den Blick für die Einzigartigkeit eines eventuell vorhandenen Labyrinths der Liebe zu bewahren. Jeder möge sich bevorzugt diejenigen Ideen und Gedanken zu Gemüte führen, die seine spezielle Situation am besten widergeben. Alles Weitere dient der Unterhaltung sowie der Reflexion über immer wieder anzutreffende, allzu menschliche Verwicklungen.

Es ist ja ein rätselhaftes Ding um die menschlichen Leidenschaften: Viele unglücklich Verliebte durchleben finstere Nächte in zäher Tristesse und trübe Tage mit verquollenen Augen. Einige empfinden es als Ausdruck großer Liebe, wenn sie sich Jahre nach der Trennung noch immer nach ihrem früheren Partner verzehren. Etlichen erscheint es sogar als Lebensaufgabe, das Herz eines Menschen zu gewinnen, der sich ihnen gegenüber mal charmant, mal abweisend verhält. Oder der gar nichts von ihnen wissen will …

All diese Leidenschaften sind auf ihre ganz eigene Weise aufregend. Von ganz anderer Qualität und Weite ist jedoch eine Liebeskraft, die viele oder sogar alle Menschen umfasst und dabei die Fähigkeit zur Entfaltung bringt, sich in andere hineinzuversetzen. Lässt du umfassende Liebe aus deinem Herzen strömen, so verletzt es dich natürlich wie jeden anderen, wenn es in der Paar-Liebe zu einer Abweisung oder Trennung kommt. Jedoch: Die Trauer befällt dich nicht mehr über das dir zuträgliche Maß hinaus und wird nicht mehr zum Selbstläufer! Du erlebst sie als eine Farbe unter anderen in deinem Leben und kannst dich auch in eine gesunde Distanz zu ihr begeben. Denn du findest in dir selbst Zufriedenheit! Diese lässt dich in deinem Herzen froh sein, ob nun ein Partner an deiner Seite ist oder nicht.

In der Grundstimmung der umfassenden Liebe wirst du eher Menschen begegnen, die als gute Freunde wirklich zu dir passen. So bereitest du zugleich dem romantischen Liebesglück den Weg – vielleicht gerade, weil du nicht mehr darauf fixiert bist!

Die illusionären Gesichter – eingeführt jeweils zu Beginn der Kapitel – werden durch eine völlig andere Sichtweise abgelöst: durch die Stimme der Liebe und Weisheit. In diesem Buch spricht sie zu Menschen, die gerade emotional verstrickt sind, und sie widmet sich dabei einer Palette unterschiedlicher Problemstellungen.

In diesem Buch fungiert die Stimme der Liebe und Weisheit als Beispiel für die Stimme, die ein jeder von uns in sich trägt. Sie möchte Mut machen zu einer Reise in die eigene Innenwelt. Selbst dann, wenn sich das schmerzhaft anfühlt. Geduld, Ausdauer, gute Gespräche mit Freunden und Meditation können diesem Weg immens förderlich sein.

Die tatsächliche Befreiung von Anhaftung geschieht letztlich, wenn all das Mühen um Loslösung in ein einziges Lächeln des Herzens mündet. Das Herz, das in der Tiefe schon immer wusste, dass dieser Schritt einen schmerzhaften Knoten lösen und damit der Moment kommen wird, endlich aufzuatmen. Ungeahnte Potenziale brechen sich Bahn.

Vielleicht erschließen sich dem Leser eigene, völlig neue Erkenntnisse. Gerade dann hätte dieses Buch sein Ziel bestens erreicht.

Lasst uns nun schauen, was das erste Gesicht mit uns so treibt …

2. Das Wenn-dann-Gesicht

Stell dir vor, es gäbe *illusionäre Gesichter der Liebe*, eine Art Irrlichter. Sie verführen Menschen dazu, an einer bestimmten Verbindung festzuhalten, selbst wenn dadurch beide Partner unglücklich werden oder diese Liebe ein Wunschtraum, eine unerfüllte Sehnsucht bleibt.

Kennst du Gedanken dieser Art? „**Wenn** er mich wirklich lieben würde, so wie ich ihn, **dann** liefe mein Leben ganz anders." „Hätte ich damals bloß nicht diesen dummen Spruch gebracht, **dann** hätte sie sich bestimmt für mich entschieden …!" Solche Überlegungen klingen zunächst einigermaßen überzeugend, oder? Schaust du sie aber genauer an, so merkst du, dass dich das ewige „Hätte-Könnte-Würde" keinen Schritt nach vorne bringt.

Der Fall liegt klar: **Wenn-dann**, eines der Gesichter, hat seine Kraft mächtig ins Spiel gebracht! Seine Vorschläge nehmen stets eine irreale Form an. Dabei spielt es mit unseren innigsten Gefühlen. Und schon sind wir diesem Gesicht auf den Leim gegangen und zu seinem Opfer geworden.

In dieser Art redet **Wenn-dann** zu seinen Opfern: Erst durch die uneingeschränkte Liebe der auserwählten Person käme Licht in dein

Dasein. Denn bedauerlicherweise sei dir genau dieser eine Mensch vorbestimmt – obwohl die Beziehung zu ihm nicht gelingt! Es scheint wie verhext.

Eine weitere Spezialität von **Wenn-dann** ist Schönfärberei: Nach Trennungen lässt dieses illusionäre Gesicht gute Momente mit dem Verflossenen in den lichtesten Farben erscheinen. Schmerzhafte Erfahrungen mit ihm werden dagegen ins hinterste Stübchen des Verleugnens verbannt. Manchmal redet dieses Gesicht einem gar ein, bei dem vormals geliebten Menschen handle es sich um den einzig möglichen Seelenpartner. „Wäre er doch bloß geblieben ..." – das **Wenn-dann**-Gesicht säuselt uns allzu gern im Konjunktiv zu.

Besonders hartnäckig gebärdet sich **Wenn-dann**, wenn es ihm gelingt, alle Wunschträume auf unerreichbare Wunschprinzen und Traumfrauen zu projizieren. Das geht sogar so weit: Je weniger Resonanz hervorgerufen werden kann, umso mehr fühlt sich dieses illusionäre Gesicht in seinem Element. Nun stachelt es sein Opfer zu der Zwangsvorstellung an, das Leben komplett auf den Kopf stellen zu müssen, um es, am Ende, vielleicht, doch noch, irgendwie ... zu schaffen, die Unnahbarkeit des geliebten Menschen zu durchbrechen.

Am liebsten übt sich das **Wenn-dann**-Gesicht in der Kunst, mit Amors Pfeil ein einzelnes Herz zu treffen und den Auserwählten davon unberührt zu lassen. Je schwieriger sich die Kontaktaufnahme zum Anderen gestaltet, desto höher türmt dieses illusionäre Gesicht die Vorstellungen über die Wunschperson auf. Immer erfreulichere Eigenschaften werden in ihr vermutet.

Für die tief empfundenen Wünsche der von ihm Besessenen ist das illusionäre Gesicht taub. Es kommt ja vor, dass inmitten des ganzen **Wenn-dann**-Theaters und auch bei längst erfolgter Trennung plötzlich ein anderer Mensch auftaucht, der die Eigenschaften für einen persönlich gut passenden Partner mitbringt. Nun inszeniert **Wenn-dann** ein ganzes Feuerwerk: Zweifel, Gegenargumente, Überzeugungskünste. Wozu? Um zu beweisen, dass die Idee, sich anderweitig zu orientieren – natürlich völlig abwegig ist!

Das **Wenn-dann**-Gesicht entwickelt schier übernatürliche Kräfte, sobald es dafür sorgt, dass man nur noch seltene, strahlende Momentaufnahmen des verflossenem oder unerreichbaren Wunschpartners vor Augen hat.

Ganz schön schwer, sich solchem Zauber zu entziehen, oder?

Manchmal jedoch ist das Schicksal gnädig und lässt uns all dies einmal aus nächster Nähe betrachten.

Ein Weg zu innerem Glück

Fing bei dir damals auch alles so verheißungsvoll an? Intensiven Blickkontakten folgte die erste Verabredung. Beiderseits zaghafte, freundliche Worte mündeten in diese unvergessliche Unterhaltung. Wenig später schon kleine, sorgsam gewählte Aufmerksamkeiten, Dutzende funkensprühender Nachrichten, zärtlich-geistreiche Liebesbekundungen, dann die gemeinsamen Unternehmungen …

Später aber war die einst so warme Herzensverbindung leider belastet oder sie ist sogar gerissen – worin auch immer der Grund dafür lag. Wäre es da nicht viel angenehmer, einfach auf „Wolke sieben" verweilen zu können, zur Not auch *alleine*? Nun … Alleinsein auf Wolke sieben der Liebe – eine ziemlich illusionäre Idee, meinst du nicht? Sie in uns einzupflanzen ist die Masche des **Wenn-dann**-Gesichts, das wir soeben kennengelernt haben.

Schauen wir uns doch einmal leidenschaftslos an, was das **Wenn-dann**-Gesicht in uns anrichtet. Wovon ernährt sich eigentlich **Wenn-dann**?

Irgendetwas muss in uns sein, das es sich köstlich schmecken lässt. Denn sonst könnte es nicht überleben!

Nun: Seine Nahrung besteht aus unserem bedingungslosen Glauben an die Macht der Liebe, sogar unter Ausschaltung des Verstandes. Anfällig für **Wenn-dann** sind wir, sofern wir für uns alleine ständig an den Anfang einer Beziehung zurückdenken müssen, mit all der erlebten Aufregung und dem unvergesslichen Zauber. Selbst in dem Fall, dass der Andere keinem Dialog mehr zugänglich ist! **Wenn-dann** lässt uns sozusagen in eine Erinnerung verliebt sein. Sehr trickreich ist **Wenn-dann** bemüht, uns an die Vergangenheit zu binden.

Um wieder in den Fluss des Lebens im Hier und Jetzt zu gelangen: Wäre es nicht ein wunderbarer Schritt, das Herz in der Weise zu behüten und sich so einzurichten, dass man auf sich allein gestellt in höherem Maße genussfähig wird?

Finde deine Glücks-Oase

Lasst uns doch das Bild „Boca flor" (Blumenmund, S. 32) einmal aus der Nähe betrachten. Ein völlig anderes Arrangement als gerade eben noch, aus der Ferne!

> *Fühle dich eingeladen, dich mit den Geschenken der Natur zu verbinden, die dir in diesem Bild begegnen.*
> *Schau, wie der Wind die Blätter sanft wiegt.*
> *Welche Blumen sind schon aufgeblüht, wo sind noch Knospen zu sehen?*
> *Die Leichtigkeit der Luft strömt zu dir.*

Welche Farbe hat dein innerer Schmetterling? Wohin tragen ihn seine Flügel?
Endlich darfst du dich entspannen. Hier wirst du zu innerem Glück eingeladen.

Ob du in einer Beziehung lebst oder nicht, stets kannst du versuchen, dich tief mit dir selbst zu verbinden. Dir dabei eine Oase des Wohlbefindens zu schaffen – selbst wenn du Schwierigkeiten hast – verleiht immense Kraft. So kannst du dich später gelassener mit der Lösung deines Problems beschäftigen.

Dabei darfst du dich selbst von Herzen mögen. Welche Wünsche pochen in dir, welche Sehnsüchte und Träume drängen nach Verwirklichung? Du bist ein einzigartiger Mensch mit vielen Möglichkeiten, die du wahrscheinlich noch nicht vollständig entdeckt hast. Du darfst einfach sein, ganz so wie nur du bist. Nimm dir doch einmal etwas Zeit für dich selbst:

Ich bringe mich in eine angenehme Sitzposition und atme ein paar Mal tief ein und aus.
Spannungen lasse ich in Richtung Erde fließen. Mein Körperschwerpunkt sinkt immer tiefer.

Nun stelle ich mir vor, dass die Sonne scheint, ich fühle mich geborgen in Wärme, Licht und Liebe. Dieses Gefühl lasse ich durch meinen Körper strömen und spüre ihm nach, atme es ein und aus.
In diesem ruhigen Atmen bleibe ich eine Weile. Wenn dabei Gedanken kommen, nehme ich sie zur Kenntnis. Ich brauche ihnen nicht weiter zu folgen.

Verbinde dich sanft mit all dem, was dir lieb und wertvoll ist. Wo und womit fühlst du dich am wohlsten: bei Ausflügen in der frischen Luft, in einem warmen Bad, in einem Konzert deiner Lieblingsgruppe, während des Sports, bei Gesprächen, beim Ausgehen, im Freundeskreis …?

Und welche Qualität ist dir im Leben am wichtigsten? Ist es die Liebe – da du ja dieses Buch liest?

Liebevolles entdecken wir überall auf der Welt, manchmal etwas versteckt, doch lässt es sich fast immer finden. Treten wir damit in Kontakt, so knüpfen wir immer weiter mit am großen Netz des gegenseitigen Wohlwollens.

Bei Liebesschmerz ist es hilfreich, den Blick und das Herz für die kleinen Beobachtungen des Lebens weit offen zu halten: das fröhliche Nachbarskind mit dem Ball, die filigranen Eisblumen am Fenster, das freundliche Lächeln, das unerwartet in der Menge aufleuchtet. Versuchen wir, in warmherziger Lebendigkeit unseren Weg durch die Welt zu gehen, bei der Arbeit ebenso wie im Verein, beim Einkaufsbummel wie auf dem Fußballfeld, in unserem ganzen alltäglichen Tun, so schaffen und verdichten wir ein Geflecht von guten Verbindungen. Sie umgeben uns bei jedem neuen Schritt wie ein unsichtbares Kraftfeld. Dieses stärkt uns, und wir sind weniger anfällig dafür, uns in einem anderen Menschen zu verlieren. Und mit der Zeit können wir auch dort Liebe und Fröhlichkeit aussenden, wo uns Menschen hektisch oder abgestumpft entgegentreten.

Die Kunst des Loslassens

So prickelnd es sich manchmal anfühlen kann, in unerwiderter Leidenschaft für einen Menschen innerlich zu verglühen – seien wir doch ehrlich:

Es ist ein Feuer, das wir mit unseren Tränen zu löschen versuchen, während wir gleichzeitig neue Holzscheite nachlegen. Wir können stattdessen das Feuer in uns beobachten, ohne es weiter zu nähren! Einem Freund kann bei einer solchen Innenschau eine Erkenntnis, die er in folgenden Worten beschreibt: „Trotz allem Schmerz wurde mir schlagartig klar: Selbst wenn meine Liebe scheitert und ich das Herz des anderen Menschen nicht gewinne, bleibe ich im Kern unversehrt."

In einer unerquicklichen Situation fällt es uns schwer, uns so etwas vorzustellen, aber überleg doch mal folgendes: Die Zeiten, in denen wir unsere Gefühle für einen Menschen nur sehr begrenzt ausleben können, vermögen uns sogar zu bereichern. Betrachten wir diese Gefühle in Ruhe, entdecken wir ihre Vielschichtigkeit. Wir bemerken deren Kommen und Gehen, ohne handeln zu müssen. Während dieser Zeit entwickeln wir etwas Wichtiges: die Fähigkeit intensiv zu lieben und sich gegenüber dem Anderen freilassend zu verhalten. Es ist hilfreich, diese Kunst geübt zu haben. Jeder Partner, jede Partnerin, wird sich darüber freuen! So wächst die Fähigkeit, in Ruhe zu erspüren, wie der Andere sich im jeweiligen Augenblick fühlt. In unerwiderter Liebe erleben wir, zu welch starken Gefühlen wir fähig sind – auf jeden Fall eine intensive Erfahrung, über die wir uns selbst besser kennenlernen können.

Dennoch wird das Loslassen oft schwierig bleiben. Manchmal fühlt sich die Liebe umso leidenschaftlicher an, je unnahbarer sich der Andere zeigt. Eben das macht das **Wenn-dann**-Gesicht aus! **Wenn-dann** will uns gar frech weismachen, jemand sei der ideale Partner, auch wenn diese Person das noch nicht gemerkt hat. Unschwer zu erkennen ist aber, dass niemand idealer Partner sein kann, der daran seinerseits nicht glaubt. Diese Betrachtung befreit uns von der Vorstellung: „Wie schlimm, dass mein *Seelenpartner* nichts von mir wissen will", und führt zur etwas ernüchternden Feststellung: „Traurig, dass ich mit diesem Menschen jetzt doch keine Partnerschaft leben kann."

Manchmal braucht es jedoch noch ein bisschen mehr Geduld. Für ewig gehaltene Liebe ist zählebig! Auch wenn wir uns von **Wenn-dann** verabschiedet haben, werden uns Gedanken an den ehemaligen Traumpartner eventuell nicht gleich verlassen. Aus Gewohnheit sozusagen! Hier können wir unsere Atmung zu Hilfe nehmen. Beim Ausatmen stellen wir uns vor, wie die Gedanken an den anderen Menschen Kopf und Herz verlassen:

Ich atme tief ein. Beim langsamen, bewussten Ausatmen denke ich: „Zieht weiter, ihr Gedanken … Löst euch auf …"

Neugierige Entschlossenheit hilft dabei, gewohnte Gedankenketten abzulegen und aus dem Gefühlskarussell auszusteigen, das einen wie von selbst umkreist. Nach und nach werden die Spiralen des Leidens zum Stillstand gebracht. So ähnlich fühlt sich wohl ein Kettenraucher nach dem Entschluss, das Rauchen endgültig aufzugeben. Natürlich bedrängt ihn sein Laster noch eine Weile. Aber er unterlässt den Griff zur Zigarette gerade so, wie Gedanken des Anhaftens beiseitegelassen werden können. Ständig kreisende Gedanken loszulassen, gelingt leichter mit dieser Meditation:

Ich atme tief ein und aus. Kommen quälende Gedanken, nehme ich sie zur Kenntnis. Einen ganz besonders drängenden Gedanken greife ich heraus und denke ihn noch einmal mit dem gleichen Wortlaut, wie er aufgetaucht war.
Jetzt lasse ich in mir ein leichtes Lächeln entstehen, ähnlich einem Blumenmund.

Nun wiederhole ich den Gedanken, der mir gekommen war, in humorvollen Varianten.
Am Schluss denke ich ihn mit sehr verlangsamtem Tempo. Ich lasse ihn vorbeiziehen wie Wolken am Himmel. Er fließt dahin wie das Wasser eines Baches, bis er dem Blick entschwindet.

Ich konzentriere mich auf meinen Atem. Ich spüre, wie die Luft tief in mich einströmt und wieder herausströmt. Wo spüre ich den Atem am deutlichsten: in der Nase, im Brustkorb, im Zwerchfell oder im Bauch? Bei der Atem-Empfindung verweile ich, solange ich möchte

Mit der Zeit schwindet die Last der Gedanken. Zuvor Beharrliches verliert an Einfluss, wird weniger wichtig und versickert schließlich im Sande der Bedeutungslosigkeit.

Hat dir ein Mensch bereits viel Schönes gegeben, so gestehe dir zu, dies als inneres Juwel zu bewahren. Oder als eine Schatztruhe, randvoll mit Kostbarkeiten! Das Leuchten der Augen, die fröhliche Ausstrahlung, die liebevolle Stimme – alles darf weiter in dir gegenwärtig sein. Dazu brauchst du dieser Person nun nicht mehr unbedingt persönlich zu begegnen. Sie lebt ohnehin in dir selbst, bereichert dich. Deine Erinnerung lässt dich spüren, welch reichhaltiges Leben du bisher schon hattest.

Vielleicht bist du nun bereit, der einst geliebten Person gute Wünsche zu senden, ohne sie an dich binden zu wollen. Lasse sie nach Möglichkeit einfach frei, etwa mit dieser kleinen Fantasiereise:

Ein angenehm warmer Sommerabend. Ich bin an einem herrlichen Palmenstrand, die Sonne geht gerade unter. Die Person, die ich liebte, ist ebenfalls hier.

Diese Person geht mit langsamen Schritten in Richtung Horizont. Ich bleibe entspannt zurück. Irgendwann sehe ich sie nur noch als ein kleines Pünktchen in der Ferne. Dort, wo ich gerade bin, setze ich mich in den Sand.

Nun spüre ich, welche Gefühle für diesen Menschen in mir sind. Ich wünsche ihm alles Gute, ohne mich an ihn zu binden. Für dieses Gute lasse ich ein Symbol in mir entstehen. Es kann eine schöne Farbe sein, eine Form, Licht oder auch eine Melodie ...

Das Symbol sende ich dem Menschen nach. Es kommt bei ihm an. Dann stehe ich auf. Nun gehe ich mit entschlossenen, geruhsamen Schritten in die entgegengesetzte Richtung.

Ich bin offen und wach. Alles, was sich ab jetzt ereignen mag, heiße ich willkommen. Entspannung und Frieden erfüllen mich.

Vielleicht umrundet dieser Mensch ja den ganzen Erdball ... und erreicht mich irgendwann von der anderen Seite. Sicher wären wir beide dann persönlich stark verwandelt. Doch wenn alles ganz anders kommt – auch gut!

Möglicherweise erlebst du durch Loslassen etwas völlig anderes, als dir im Sturm des Verliebens vorschwebte: Du gewinnst eine neue innere Erfahrung. Seiltänzer berichten, eine gute Bewegung zeichne sich dadurch aus, dass man in ihr jederzeit innehalten und in eine andere Bewegungsform übergehen könne. Du nutzt die scheinbar verfahrene Situation unglücklicher Liebe sogar zum Erlangen größerer Freiheit, wenn du sie zum Anlass nimmst, dir ein schönes Erleben zu gönnen: deinen Geist mehr und mehr zu öffnen und dich gleichzeitig immer tiefer mit deiner eigenen Mitte zu verbinden. Wie der Seiltänzer, der jederzeit seine Balance aufrechterhält. Schwankt das Seil, so improvisiert er kurzerhand. Die eigentlich vorgesehene Bewegung wandelt er in eine andere um. Zum Beispiel geht er aus dem Schwanken in eine kunstvolle Rückwärtsrolle über. Es wirken Kräfte von außen auf ihn ein – aber er kann das Unerwartete und Irritierende zu einer anmutigen Bewegung umgestalten.

Und wenn wir uns von **Wenn-dann** völlig befreit haben … bleibt dann keine, auch nicht die kleinste positive Erinnerung zurück? Doch, sogar eine sehr erfreuliche! Mit Glück und Verstand bewahren wir uns eine kostbare Herzensfähigkeit, die dieses illusionäre Gesicht gut unterstützen konnte: die Treue. Wer schon mal von **Wenn-dann** beeinflusst war, hat gezeigt, welch ein treu liebendes Herz in ihm schlägt. Selbst wenn die Zuneigung einseitig war! „Wohlan denn", um mit Hermann Hesse zu sprechen, „nimm Abschied und gesunde!"

Authentische Liebe hat ihren Ursprung
in der Tiefe des eigenen Herzens.

3. Das Strategie-Gesicht

Unermüdlich redet **Strategie** uns ein, sie sei unser Diener. Sie ist sofort zur Stelle, wenn sich zeigt: Da verfolgt jemand bereits die fixe Idee, schnellstmöglich ein bestimmtes Herz zu gewinnen ...

Strategie tut so, als wolle sie nichts anderes, als mit all ihren Künsten beim Erreichen dieses Ziels behilflich zu sein. Es ist ihr somit ein Leichtes, Vernarrte zu finden, die auf ihren Rat hören. Dafür muss sie in den Liebestrunkenen nur die Angst schüren, der umschwärmte Mensch könne vielleicht bald jemand anderen kennenlernen – folglich sei die Zeit zum Handeln äußerst knapp! **Strategie** wirkt vernichtend auf lebendige Begegnungen von Mensch zu Mensch.

Was ist ihr Trick, wie geht **Strategie** vor? Sie verbündet sich mit der logischen Denkfähigkeit ihres allzu verliebten Opfers. Dann klügelt sie gemeinsam mit ihm ein fein gesponnenes Punkt-für-Punkt-Programm aus. Es wird überlegt, wo dessen Schwarm sich aufhält, wie er genau handeln könnte, was ihm vermutlich wichtig ist. Somit wird dem Verliebten ein exakt abgestimmtes Repertoire an entsprechenden Handlungsweisen und Reaktionen an die Hand gegeben. Raffiniert und erfinderisch plant **Strategie** beeindruckende Spektakel.

Bevorzugt übernimmt das **Strategie**-Gesicht ausgesprochen detektivische Aufgaben: Es erkennt und benutzt präzise die kleinen und großen Neigungen und Leidenschaften der umschwärmten Person. Selbst vor ausgefallenen Freizeitbeschäftigungen wie orientalischem Bauchtanz, Bürogolf, tibetischem Heilfasten oder klimawandelbedingter Zugvogelumleitung schreckt es nicht zurück.

Strategie versteht sich glänzend darauf, ihre Opfer sogar zum Besuch von Veranstaltungen zu animieren, die den eigenen Interessen widersprechen. So ermöglichte **Strategie** bereits herauszufinden, dass der von der Zielperson seit Jugendtagen verehrte Mickey Shicky auf seiner diesjährigen Tournee auch im eher abseits, doch dafür nahegelegenen Alberndorf Station machen und ein Konzert geben würde. Ein Ereignis, für das vom Opfer sogleich ein für Alberndorfer Verhältnisse entschieden zu teures Ticket erstanden wird. Zudem auch eine Anzahl von Tonträgern des bislang konsequent ignorierten, weil mit dem persönlichen Kunstempfinden leider gänzlich inkompatiblen Musikus. Und wozu der ganze Akt? Einzig, um bei diesem Anlass den geliebten Menschen scheinbar zufällig zu sehen, um ihm – vielleicht – nach tapfer durchgestandenem Kunsterlebnis persönlich zu begegnen und bei dieser arrangierten Gelegenheit mit einer kleinen Fachsimpelei unter intimen Kennern der Shicky-Materie glänzen und punkten zu können.

Manchmal befällt **Strategie** ein Opfer ganz alleine, ohne dass andere Gesichter hinzukommen. **Strategie** kann sich auf diese Weise ganz besonders raffiniert zeigen und Übelstes im Schilde führen. Es existiert nämlich eine Abart des **Strategie**-Gesichts, die ihren Opfern zwar einredet, sie seien verliebt. In Wirklichkeit knüpft dieses raffinierte Gesicht dabei aber an tief liegende, komplett selbstbezogene Wünsche an: den eigenen sozialen Status zu erhöhen. An der Seite eines erfolgreichen Menschen zu stehen. In eine als schöner empfundene Gegend zu ziehen. Bemerkenswert hierbei ist: Nach Erreichen des Ziels verlässt dieses Gesicht sein Opfer häufig schlagartig, und vermeintliche Verliebtheit entpuppt sich dann als Strohfeuer. Nicht wenige Befallene dieser gefährlichen Variante des Gesichts degenerieren in der Folge gar zu notorischen Herzensbrechern. Bezeichnen wir diese Spielart der **Strategie** daher einfach als **Strategie-Gesicht der Pseudoverliebtheit.**

Zudem zeigt sich **Strategie** äußerst geschickt darin, Methoden zu entwerfen, einen weiterhin begehrten Ex-Partner zurückzugewinnen. Eifrig übernimmt **Strategie** beispielsweise die Kleiderordnung und erstellt einen genauen Plan über erlaubte Arten der Kontaktaufnahme.

Wie glücklich kann sich schätzen, wer etwas genauer hinsieht …

Öffnung für Vielfalt

Richtig gefährlich sah es zunächst aus, dieses **Strategie**-Gesicht! Seine Handlungsmuster scheinen ausgeklügelt. Doch wovon ernährt sich das **Strategie**-Gesicht der Verliebtheit eigentlich?

Dieses Gesicht zieht seinen Lebenssaft aus unserer Neigung zu festen Vorstellungen von der Zukunft. Auch schmeckt ihm unsere Bereitschaft, am liebsten durch die Wand zu gehen, um das zu erreichen, was wir uns in den Kopf gesetzt haben. Während sich **Strategie** genüsslich an solchen Charakterzügen weidet, hinterlässt sie in uns ein hochwirksames Gift: die Fixierung auf einen bestimmten Menschen, selbst wenn dieser nichts von uns wissen möchte. Dazu die Bereitschaft, für diesen Menschen Himmel und Hölle in Bewegung zu setzen. Aber wie könnte man **Strategie** beikommen?

Nun, betrachten wir sie aus der Nähe. **Strategie** verhält sich wie Schach-spieler, die ihre Figuren planvoll platzieren. Sogar dritte Personen werden manchmal dazu benutzt, den vom **Strategie**-Denken Besessenen für die Zielperson interessanter erscheinen zu lassen. Immer wieder setzt **Strategie** alle Beteiligten unter Zugzwang. Dafür muss ein ganzes Programm her, um die Partie der Liebe unter allen Umständen zu gewinnen: Der begehrte Mensch wird zu einem Objekt degradiert, das um jeden Preis eingenommen werden muss!

Hellwach und voller Ideen

Betrachten wir Schach einfach mal aus der Perspektive eines interessanten Unterhaltungsspiels, als kreative Leistung des menschlichen Geistes!

Wir alle sind voller Kreativität, die in ganz verschiedenen Bereichen ausgelebt werden kann. Kreativität ist spannend und wirkt befreiend. Wer viel Liebe in sich verspürt, fühlt sich meist hellwach und voller Ideen. Es ist zu begrüßen, wenn der Liebe vielerlei Möglichkeiten entspringen, einem Menschen auf kreative Weise zu zeigen, dass man ihn gernhat.

Es bedarf keiner ausgeprägten künstlerischen Fertigkeit, um Zuneigung auf persönliche Weise zu erkennen zu geben.

> *Welche Ausdrucksform fließt mir aus dem Herzen? Etwas malen, basteln, backen … Singen mit ein bisschen Begleitung, vielleicht auf der Gitarre? Ein witziges Ratespiel? Mich selbst schön machen?*
> *Oder auf die Gunst des Augenblicks vertrauen und der auserwählten Person mit meinem Charme und Humor begegnen?*
> *Zu meinem individuellen Ausdruck der Gefühle stehe ich.*
> *Behutsam schaue ich, ob meine Botschaft angenommen werden kann.*

In einer kurzen Cupidity Love Story mit dem Titel „Kismet Dinner" wird gezeigt, wie eine Kellnerin, zugleich Sängerin mit wunderschöner Stimme, die Aufmerksamkeit eines bestimmten Gastes zu gewinnen versucht. Sie singt ihre selbstkomponierten Liebeslieder im Grunde nur für ihn. Alle Gäste sind von ihr fasziniert, nur der Auserwählte liest Abend für Abend unbeeindruckt in seinem Buch, statt ihr zuzuhören. Deshalb denkt sie, er wolle sie wohl nicht hören und fühlt sich von ihm geradezu ignoriert.

Als sie frustriert aufgeben will, steckt ihr jemand ein Buch über die Gebärdensprache der Gehörlosen zu. Jetzt erst merkt sie, was mit ihm los ist: Er kann sie gar nicht hören! Über Nacht lernt sie die Gebärdensprache. Am nächsten Abend intoniert sie ihr Liebeslied unterstützt von Gebärden, die ihm ebenso feinfühlig wie unzweideutig ihre Botschaft vermitteln. Nun versteht er sie endlich – und ist zutiefst berührt. Zwischen den beiden bahnt sich eine zarte Liebe an.

Unter dem Namen Cupidity sind Liebesgeschichten gesammelt, bei denen Hindernisse überwunden werden müssen, bevor es zu einem gegenseitigen Verständnis und zu einer emotionalen Annäherung kommen kann. Manchmal aber sind in diesen Geschichten auch unerwartete Wendungen des Schicksals enthalten: Jemand anderes tritt in den Dunstkreis der Hauptfigur und ihres Liebeswunsches.[5]

Bleibt die Liebe unerwidert, hilft es zu bedenken: Lasse ich Herzensweite in mir entstehen, kann ich trotz der schmerzhaften Erfahrung einseitiger Liebe anderen Menschen Gutes tun. So gebe ich dem Schicksal die Chance auf eine glückliche Wendung zum Unverhofften.

Denn vielleicht interessieren meine speziellen Ausdrucksformen ja jemand anderen, der sie viel besser zu verstehen und zu schätzen weiß! Der Prozess der Partnerfindung wird neu eröffnet und in mir selbst sorge ich zugleich für mehr Zuversicht.

[5] Cupidity-Serie: Kurzfilme, veröffentlicht bei Youtube durch die Firma Cornetto. Bei der Beschreibung geht es mir um die Botschaft selbst, die in diesen feinfühligen Filmen vermittelt wird.

Es ist wunderbar, geistig und emotional viel von sich preiszugeben, wenn man jemanden besonders gernhat. Authentische Liebe bewegt sich sinnvollerweise in einem Feld von Offenheit. Kommt es aber zu einem spürbaren oder auch direkt ausgesprochenen Nein zur Liebesbeziehung, so ist das nicht das Schlimmste, was passieren konnte. Ich kann mich nun in Ruhe zurücklehnen:

> *Ein solches Nein ist doch in seiner Eindeutigkeit eine aufrichtige Aussage, auf die sich bauen lässt! Immer besser, als spielte man mit meinen Gefühlen.*

Nur halbherzig eingegangen, bringt eine Beziehung viel Leid mit sich. Besondere Vorsicht ist dann angebracht, wenn jemand auf Verliebtheit in der Form zu reagieren scheint, dass er sie zur Erfüllung seiner kurzfristigen emotionalen oder sexuellen Bedürfnisse benutzt. Dies merke ich daran, dass kaum Interesse an mir als Person vorhanden ist, sondern fast nur an dem, was ich zu geben habe.

Wenn es daher durch ein frühes und klares Nein erst gar nicht zu einer Liebesbeziehung kommt, so kann man für solche Ehrlichkeit sogar dankbar sein und sie vor diesem Hintergrund emotional leichter akzeptieren.

Jenseits von Strategien Zufriedenheit finden

Einen Menschen durch allerlei Strategien um jeden Preis für sich einnehmen zu wollen, erinnert an die Geschichte jenes Königs, der vom Gezwitscher eines Vogels über alle Maßen bezaubert war. So beeindruckt war er, dass ihn große Angst quälte, der kleine gefiederte Sänger werde eines Tages dem Schlosspark fernbleiben und er könne sich dann nie mehr an seinem herrlichen Gesang erfreuen. Daher beschloss er, das Vöglein einzufangen, steckte es in einen goldenen Käfig, fütterte es mit Körnern aus den königlichen Gärten und beantwortete seinen Gesang durch anmutiges Pfeifen. Jedoch, der Vogel ließ traurig seine Flügel hängen und sang von Tag zu Tag weniger. Schließlich – verstummte er ganz. Das Lebenselixier seiner Kunst war nun mal die Freiheit. Die Gefangenschaft aber hatte ihn krank gemacht!

Diese Erzählung versinnbildlicht, wie grundverkehrt es ist, jemanden entgegen dessen Herzenswunsch für sich gewinnen zu wollen. Man hoffte, etwas vom Anderen für sich zu haben – beispielsweise den Charme der Fröhlichkeit –, doch genau das würde einem auf Nimmerwiedersehen zwischen den Fingern zerrinnen.

Aber auch innerhalb einer gelebten Beziehung kann es ausgesprochen erstickend wirken, wenn versucht wird, gegenseitig voneinander Besitz zu ergreifen. Der Liebe wird so die Atemluft entzogen. „Liebe ist ein Kind der Freiheit" – wie schon Michael Lukas Moeller in seinem gleichnamigen Buch treffend festgestellt hat.

Das **Strategie**-Gesicht findet keinen Angriffspunkt mehr, wenn man vorbehaltlos aufhört, aufgrund von eigenen Gefühlen, früheren Worten oder gemeinsamen Erlebnissen um die Beziehung zu einem bestimmten Menschen zu kämpfen. Zeigt man sich anderen gegenüber freilassend, wird es eher möglich, das eigene Glück zu finden.

Aussichtslose Verliebtheit und Trennung sind zutiefst schmerzhafte Erfahrungen. Wenn du so etwas durchmachst, gib deinen Tränen Gelegenheit, geweint zu werden. Suche das Gespräch mit guten Freunden. Innere Ablösung erfordert Zeit als einen nicht zu unterschätzenden Faktor! Damit verringert sich die Gefahr, in eine weitere Falle zu tappen: seinerseits einen anderen Menschen für sich einzunehmen und ihn dabei als Ersatz für die enttäuschte Liebe anzusehen.

Besonders häufig ist heute zu beobachten: Aus dem bunten Katalog des weltweiten Netzes sucht man eine attraktiv anmutende Person heraus und hält diesen Kontakt so lange, bis auch die neue Bekanntschaft nicht mehr den eigenen Erwartungen entspricht. Dann entsorgt man ihr Foto zusammen mit geplanten Treffen einfach im virtuellen Papierkorb.

Stimmiger ist, Menschen mit all ihren Facetten persönlich kennenzulernen, in Ruhe, geduldig, und getragen von warmherziger Offenheit. Jede zwischenmenschliche Begegnung ist einzigartig; sie steht und fällt in sich selbst und kann nur in sich selbst mit allen Höhen und Tiefen gefeiert oder beweint werden.

Trennungsschmerz lösen – aber wie?

Um leichter über Trennungsschmerz hinwegzukommen, wird häufig empfohlen, sich die problematisch empfundenen Eigenschaften der einst geliebten Person immer wieder zu vergegenwärtigen. Zum Selbstschutz kann es sinnvoll sein, sich bewusst zu verdeutlichen, in welchen Bereichen der Andere überhaupt nicht zu einem passt. Beim Zusammensein würden daraus ständige Reibereien entstehen.

Vielleicht ist sie ordnungsliebend. Er hingegen fühlt sich erst wohl, wenn er um sich herum komplettes Chaos verbreitet hat. Oder umgekehrt? Solche Unterschiede darf man sich ruhig vergegenwärtigen, um die Loslösung zu erleichtern.

War man allzu idealisierend verliebt und wurde dabei ausgenutzt, ist es verständlich, wenn sich beim Verlassenwerden zunächst sogar Wut breitmacht. Die Wut hilft dabei, die natürliche Abgrenzungsfähigkeit zurückzuerlangen. Förderlich ist es, solche Wut deutlich als Teil des eigenen Prozesses wahrzunehmen und anzuerkennen, anstatt im Anderen die Schuld dafür zu suchen. Die Verantwortung für sein Gefühlsleben trägt letztlich ein Jeder für sich selbst!

Ist bereits ein angemessener Abstand zum früheren Partner im Entstehen, kann man Folgendes versuchen:

Ich übe mich darin, sämtliche Eigenschaften des vormals geliebten Menschen möglichst wertfrei zu betrachten: die Wesenszüge, die besonders attraktiv auf mich wirkten, doch ebenso diejenigen, die mich weniger anzogen.

Beispielsweise betrachte ich seine unwiderstehlich gute Laune um sieben Uhr morgens, allerdings auch die erklärte Unlust, sich angemessen an Hausarbeit zu beteiligen. Ihr wunderschönes Saxophonspiel und ihr maßloser Ärger, als ich ihr versehentlich eine Klappe am Instrument verbog. Ich entziehe solchen Details die wertende Komponente und nehme somit diesem Menschen gegenüber schon eine etwas weniger emotionale Position ein.

Vollständiges Lösen einer beendeten Beziehung führt dahin, den Anderen in seinem Sosein unbehelligt lassen zu können – mit all seinen Charakterzügen – und dabei keine Wertungen mehr vorzunehmen. Auf diese Weise findet man seinen inneren Frieden wieder.

In ihrem Liebeskummer versuchen viele, alle schönen Erinnerungen einfach zu vergessen: Jenen Abend, an dem die Glut erstmals so tief in den Augen beider aufleuchtete, dass sich alles Zögern in Luft auflöste und die Zeichen der Sehnsucht nicht mehr zu bändigen waren. Das auf das Telefon in ihrem Garten einschwebende Nachtpfauenauge, just bevor es klingelte und man ein Treffen vereinbarte. Den Sonnenuntergang mit Perlmuttwolken, den sie gemeinsam schweigend bestaunten. Den überraschend geschenkten Helikopterflug über dem neuen Wohnort … Aus Liebeskummer werden häufig Fotos verbrannt, Erinnerungen sollen ausgelöscht werden. Geschenke werden zurückgegeben oder weggeworfen. Verbindende Gefühle werden absichtlich durchtrennt.

In manchen Fällen ist es tatsächlich entlastend, sich von glücklichen Erinnerungen zu lösen. Menschen, die sich in besonderer Weise mit der äußeren Umgebung verbunden fühlen, kann ein kleines selbstkreiertes Ritual dabei helfen, sich von Erinnerungsstücken zu trennen. Solch ein Ritual kann unterschiedlichste Formen annehmen. Als besonders aufbauend empfinde ich es hier, Dinge liebevoll zu spenden, um damit unbekannten Menschen eine Freude zu bereiten.

Kontraproduktiv wäre, sich praktisch zu zwingen, Andenken übereilt wegzuwerfen oder schöne Erinnerungen zu verdrängen. Das Herz könnte darüber unnötig verhärten. Oder rebellieren: Sogleich fallen einem viele der anziehenden Eigenschaften des Anderen wieder ein und die romantischen Erlebnisse erst recht. Der innere Kampf ginge auf diese Weise umso leidvoller weiter.

Machen wir uns also lieber bewusst, dass wir nach einer Enttäuschung oder Trennung angemessen Zeit für Trauer brauchen. Versuchen wir gar nicht erst, diese Phase mittels Radikalkuren zu verkürzen oder sie zu überspringen. Nur so kann unsere Trauer ihre heilsamen Kräfte entfalten und ein gutes Ende nehmen.

Kooperation statt Konkurrenz

Was meinst du zu folgendem Gedanken? Im tiefen Inneren sind letztlich alle Menschen dieser Erde daran interessiert, dass sich diejenigen Partner finden, welche optimal zueinander passen. Gelingt dies, so vermögen wir alle Erfüllung in der Liebe zu finden. Werden Kinder geboren, erfahren auch sie somit die bestmögliche Geborgenheit.

Auf der reifen Stufe des Menschseins ist Partnerfindung vor allem ein kooperativer und kein verbissener, konkurrenzorientierter Prozess! Verbinden wir uns tief mit diesem Gedanken, so werden wir gelassener. Das erleichtert es uns, Menschen sensibel wahrzunehmen, also mit feinen Antennen ihre Schwingungen zu spüren. Nun sind wir eher bereit, Menschen kennenzulernen, die sich tatsächlich auf der eigenen Wellenlänge befinden.

Sind wir über eine längere Zeit hinweg traurig, können wir dem Schicksal dennoch weit die Tore öffnen. Macht sich in uns das Bedürfnis nach Ablenkung und neuen Eindrücken bereits bemerkbar, so können wir in ruhigen Momenten zu Freunden sagen: „Im Moment habe ich ein wenig Kummer, aber wenn ihr zusammen ausgeht, gebt mir bitte Bescheid. Zur Not dürft ihr mich zum Mitkommen gerne ein wenig überreden!" Wenn wir unsere Freundschaften pflegen und dafür aufgeschlossen sind, neue Menschen kennenzulernen, gelangen wir leichter in ein Lebensgefühl der Weite.

Sobald du dich zeigst, wie du tatsächlich bist, tauchen unverhofft diejenigen Menschen in deinem Leben auf, mit denen du in wechselseitiger Resonanz schwingst. Wenn du dich offen und ehrlich verhältst und Ängste weitgehend hinter dir lässt, gibt es keinen Grund, nur aus Höflichkeit anderes zu sagen als das, was du tatsächlich denkst. So wirst du von genau denjenigen Menschen wahrgenommen, die dir guttun, und diese wiederum treten gerne in offenen Austausch mit dir.

Wurdest du von **Strategie** früher dazu verführt, in der Liebe Taktiken anzuwenden, so verbleibt dir nun als positive Errungenschaft eine wohldosierte Portion an Einsatzbereitschaft und Kreativität. Ist es nicht fabelhaft, engagiert und kreativ sein zu können? Keine Scheu zu haben, jemandem seine Liebe zu erklären, kann überaus nützlich sein.

Aber ein einsatzbereiter Mensch kann noch vieles mehr und das besonders gut. Mein Großvater war auch so jemand. Eines Tages, im tiefsten Winter, wollte er seine Familie doch tatsächlich mit frischen Früchten an den Apfelbäumen seines Gartens überraschen. Also stand er mitten in der Nacht auf, holte Dutzende von rot leuchtenden Äpfeln aus dem Keller und befestigte sie an den Zweigen. Das morgendliche Staunen und die offenen Münder seiner Familie waren ihm alle Mühe wert!

Liebe, Engagement und Humor können sich auf sehr fantasievolle Weise miteinander verbünden und so manche Überraschung aus dem Hut zaubern.

Nicht zu bekommen, was man gerne hätte, ist manchmal der größte Glücksfall. Unverhoffte Wendungen treten ein.

4. Das Zerrissenheits-Gesicht

Hier haben wir es mit einem der hartnäckigsten Quälgeister zu tun! Am liebsten lässt sich das Gesicht der **Zerrissenheit Zherrri** nennen. Auf ihre Grausamkeit ist **Zherrri** geradezu stolz. Nur **Zherrri** selbst kann jedoch das langgezogene Zh und das rabiat gerollte Dreifach-R in ihrem Spitznamen so unnachahmlich schauderhaft aussprechen, dass wir sofort zu ahnen beginnen, was dieses Gesicht in Teufelsgestalt mit uns vorhat.

 Zerrissenheit jagt ihre Opfer pausenlos im Kreis herum, wie auf einem Karussell, das niemals stillsteht. Es macht ihr höllisch Spaß, uns das Gefühl zu geben, endlich eine tragfähige Entscheidung getroffen zu haben: beispielsweise der Einsicht zu folgen, es sei vernünftig, ab sofort jeden Kontakt mit der einseitig geliebten Person zu meiden und möglichen Zusammentreffen aus dem Wege zu gehen – anders könne das blutende Herz nicht heilen. Dafür müsse wohl besser auch die Arbeitsstelle gewechselt werden …

 Jedoch – **Zherrri** kennt keinerlei Erbarmen! Schon nach kürzester Zeit kurbelt sie erneut und mit aller Macht den quälenden Kreislauf von nagenden Zweifeln und endlosen Gegenargumenten an. Die eben noch „einzig richtige Entscheidung", für räumliche Distanz zu sorgen, wird im Handumdrehen verworfen: Die Konsequenzen wären schließlich schrecklich und unüberschaubar. Bei dieser Wirtschaftslage sofort eine andere Stelle finden? Ausgeschlossen! Überhaupt: Was brächte es am Ende wohl ein? Wahrscheinlich nur noch mehr Sehnsucht nach der geliebten Person – oder etwa nicht?

Zherrri treibt ihre Opfer in das immer gleiche Spiel: nämlich in unermüdliches Bemühen, Vorstellungen „unter einen Hut zu bringen", die aufgrund der konkreten Gegebenheiten jedoch nicht gemeinsam zu verwirklichen sind.

Obendrein bringt **Zherrri** es fertig, selbst die besten Freunde ihres Opfers als lästige Quälgeister erscheinen zu lassen, denn jeder von ihnen sagt etwas anderes:

Da ist der gute Kurt. Er sagt, man solle versuchen, eine unverbindliche freundschaftliche Beziehung zum einseitig geliebten Menschen aufzubauen. Lisa meint aber genau das Gegenteil: Man müsse dieser Person konsequent aus dem Weg gehen. Wie, um Himmels Willen, soll man da noch zu einer klaren Entscheidung finden? Könnten sich nicht wenigstens die besten Freunde als Helfer in der Not präsentieren – und gefälligst alle dieselben Ratschläge geben!?

Mit höchst teuflischem Genuss sorgt **Zherrri** jedoch für Verliebtheit in jemanden, der die Beziehung zwar eingeht, seine Gefühle aber nicht zu ordnen vermag: „Mit dir kann ich nicht leben, ohne dich erst recht nicht!" Ab sofort sieht man sich einer derart ambivalenten Zuwendung seitens des Partners ausgesetzt. Konkret: ständiges Zweifeln und Grübeln, ob man den Anderen denn nun liebt oder nicht, sind an der Tagesordnung, hinzu kommen häufig auch Nörgeln, Angriffe und Streit. Sobald aber die dunkle Wolke einer möglichen Trennung am Horizont auftaucht, überhäuft der emotional ambivalente Partner den Anderen mit Entschuldigungen und Erklärungen, wie sehr er ihn vermissen würde.

Nun ist **Zherrri** erst richtig in ihrem Element! Sie stachelt ihr Opfer an, die Beziehung als eiserne Herausforderung anzunehmen und den Zweifelnden zu überzeugen, dass sich diese Liebe zu leben lohnt.

Eine weitere Spezialität: Gelingt es **Zherrri** — meist unter tatkräftiger Mithilfe von **Wenn-dann** —, uns in einen bereits gebundenen Menschen verliebt zu machen, so gaukelt sie uns vor, die Liebe könne entweder nur verdrängt oder ausgelebt werden. Doch leider sei beides gleichermaßen unmöglich und eine weitere Alternative gebe es nicht! Garantieren mag **Zherrri** also auch in dieser Konstellation nur so viel: nagenden Kummer, ständigen Herzschmerz und reichlich Frust.

Zherrri treibt ihre Opfer in einen scheinbar unauflöslichen Widerstreit. Der Verstand erkennt: „Das kann nicht richtig sein, ich gerate ins falsche Fahrwasser, in Untiefen, und kann am Ende sogar jämmerlich ersaufen." Das Gefühl wehrt sich jedoch und behauptet: „Es geht nicht, beim besten Willen — ich liebe diesen Menschen!" Wie soll man diesen Zwiespalt bloß überwinden?

Mit Martinshorn prescht die Feuerwehr vor, hält quietschend an und errichtet in Windeseile eine Brücke.

Inneres Einssein

Zherrri zerrt häufig an uns. Fast niemandem bleibt sie dauerhaft erspart: die quälende **Zerrissenheit** zwischen Herz und Verstand. Dieses Gesicht speist jedenfalls königlich!

Ihren unersättlichen Hunger stillt **Zherrri** am Ehrgeiz ihrer Opfer, allen Anforderungen und Bedürfnissen unbedingt gerecht werden zu wollen. Es entsteht das Gefühl, es sei in jeder Lebenslage möglich, eine Entscheidung zu treffen, durch die alle wichtigen eigenen Bedürfnisse und die der Mitmenschen zur Erfüllung gelangen.

Allzu oft sehen wir Menschen uns hilflos in einem Strudel treiben. Wir sind unentschlossen, auf welche Stimme in unserem Inneren wir hören wollen. Da ist die Stimme des Herzens. Dann meldet sich der Kopf zu Wort. Wie können wir diese beiden Stimmen in uns unterscheiden, wenn uns das Thema Liebe umtreibt?

Der Kopf argumentiert mit Fakten, zum Beispiel so: „Okay, du hängst gerade an diesem Menschen fest! Aber es geht ja eigentlich nicht nur um den anderen Menschen, es geht auch um dich selbst. Du versuchst, Geborgenheit zu geben und zu bekommen, die Erfüllung deiner Sehnsucht. Aber schaue dir diese Person doch an: Sie ist in völlig andere Richtungen unterwegs. Du biegst dir die Wirklichkeit so zurecht, dass du den Eindruck hast, eine Beziehung könne gelingen. Bestimmte Dinge lässt du dabei völlig außer Acht!"

Das Herz fühlt sich dennoch hingezogen und antwortet dem Kopf zum Beispiel: „Ablehnung hat Gründe, Begeisterung findet Wege …"

Das Herz kann auf seine Weise ebenfalls dazu beitragen, sich abzugrenzen: „Du bist fasziniert von diesem Menschen, weil er so klug ist – aber siehst du denn nicht, dass auch emotionale Kälte von ihm ausgeht?"

Und der Kopf könnte darauf antworten: „Pah, subjektiver Firlefanz! Ein intelligenter Mensch muss darum nicht gleich unfähig sein, eine Beziehung zu führen. Und es ist auch in Ordnung, kühle Gedanken auszutauschen, ohne deshalb gleich wütend zu werden."

Oder das Gefühl könnte vorbringen: „Ich liebe bedingungslos diesen einen Menschen, egal, was daraus wird." Der Verstand aber stellt fest, dass doch Bedingungen anzuknüpfen sind: Ich will mich nicht ausnutzen lassen und am Ende daran selbst zugrunde gehen.

Mitunter stellt aber auch das Herz fest, dass man sich selber schützen möchte, während der Kopf dazu antreibt, sich weiterhin unermüdlich für den Anderen einzusetzen.

Kannst du nachspüren, auf welche Weise bei dir solche Prozesse tendenziell ablaufen?

Im Zustand der **Zerrissenheit** drehen wir uns im Kreis, kommen scheinbar nicht mehr von der Stelle … Wer darf, wer soll, wer muss nun eine Entscheidung treffen?

Kraftwandel

Manchmal birgt das Erschreckende in sich selbst die Lösung. Sehen wir uns **Zherrris** Bild von Nahem an, so verwandelt sich das teuflische Erleben der Spaltung von Herz und Kopf in einen beschützenden Anblick: ein Engelwesen, das die verschiedenen Anteile in uns selbst behütet, als wären es „innere Kinder", die gemeinsam ihren Weg gehen – allen Widrigkeiten zum Trotz. Gelingt es, bildlich gesprochen, nicht mehr die Teufelsgestalt mit den scharfen Zähnen und feurigen Augen zu fokussieren, so leuchtet uns stattdessen die beschützende Engelsgestalt entgegen.

Nach und nach wird es möglich, die enge Sichtweise abzulegen, welche nur erlaubte, entweder auf das Herz oder auf den Verstand zu hören. Insgesamt hat sich bewährt: Wann immer uns eine wichtige Lebensentscheidung vor die Alternative zu stellen scheint, mit der konkreten Handlungsweise entweder nur auf das Herz oder nur auf den Kopf zu hören, ist es gut, erst einmal innezuhalten:

Muss ich wirklich sehr schnell handeln? Kann ich mir nicht wenigstens ein paar Stunden der Ruhe gönnen, um in mich hinein zu spüren? Lass mich mal schauen ... Was sagt der Verstand denn genau? Und was wünscht das Gefühl, tief in mir?

Eine Pause zur Besinnung stellt eine gute Wahl dar. Architekt Konstantin war wegen einer unglücklichen Verliebtheit widerstreitenden Gefühlen und Gedanken ausgesetzt. Er traf den Entschluss, zunächst ein paar Tage Urlaub in den Bergen zu verbringen, ohne dabei Schritte in irgendeine Richtung zu unternehmen. Nach bewusster Selbstfürsorge und Entspannung fühlte er sich deutlich aufgeräumter und konnte den nötigen Klärungsprozess mit größerer Ruhe und Besonnenheit angehen.

Dennoch musste er sich innerlich einen Ruck geben, um die bislang aufgeschobene Entscheidung tatsächlich zu treffen und konsequent zu befolgen.

Konstantin war sich klar darüber geworden: Er würde seiner Auserwählten kein Atelier in ihrem Dachgeschoss einrichten, wie sie es sich erträumte. Er begnügte sich damit, ihr einen dezenten Blumenstrauß zum Geburtstag zu schicken. Denn ihm war nun klar, dass seine „Traumfrau" sich nur für ihn interessierte, solange er sie verwöhnte und sich genauso verhielt, wie von ihr gewünscht. Er konnte sich nicht so zeigen, wie er wirklich war, ohne in Gefahr zu geraten, von ihr abgelehnt oder sogar beschimpft zu werden.

Kommen wir zur Ruhe und zu uns selbst, so können wir unterscheiden, auf welche Weise eine Beziehung gelebt wird – beispielsweise mit Hilfe folgender Fragen:

Findet in der Beziehung tatsächliche Begegnung statt? Ist die Chance gegeben, sich aufeinander zuzubewegen und miteinander weiterzuwachsen?

Oder handelt es sich bei den eigenen Gefühlen um ein stark idealisierendes Verliebtsein? Wird die Beziehung vielleicht sogar fast wie in einem Film inszeniert, grandios überzeichnet, in schmerzhaftem Widerspruch zum Alltag – und letztlich einseitig, quälend?

Vernunft walten lassen

Bleibt Liebe unerwidert und ohne Chance auf authentische Begegnung, so helfen Vernunft und Willenskraft, sich zu befreien. Sie schaffen den

Rahmen für ein Loslassen und für das Willkommenheißen neuer Ein-
drücke. Ziel dabei ist, selbstzerstörerische Gefühlsmuster zu verlassen.

Wie lässt sich das konkret umsetzen? Falls möglich, kann man alle
Kontakte zur vormals geliebten Person für eine gewisse Zeit meiden.
Also eine Art von Entzug, um wieder frei zu werden. Der Wille setzt
beispielsweise ein deutliches Stoppsignal, sobald man schon wieder zum
Telefon greifen will.

Um bei einseitiger Liebe der Vernunft eine Chance zu geben, ist es hilfreich, sich an zwei aufeinanderfolgenden Tagen etwas Zeit für folgende
Übung zu nehmen:

*Am ersten Tag mache ich es mir während eines freien Stündchens
bequem – zum Beispiel auf einem Sessel oder in freier Natur, an einem
Platz, an dem ich mich wohlfühle. Nun stelle ich mir vor, ich befände
mich mit meinem Traumpartner an einem schönen Ort. Wir schauen
uns in die Augen, und wie von erhöhter Warte beobachte ich in mir
auftauchende Gefühle und Gedanken. Ich merke sie mir und schreibe
sie nach der Übung nieder. Ich bewahre die Notizen auf.*

*Am nächsten Tag lese ich die Notizen wieder durch und stelle mir
dabei folgende Fragen: „Was müsste sich ändern, damit all das Gute
im Gefühlten real lebbar würde? Will ich den Aufwand wirklich
treiben, der für diese Veränderung nötig wäre? Und wie viel Veränderung erwarte ich vom Anderen? Kann und will er sie erbringen?"*

Bist du selbst zu Änderungen bereit, der Andere aber nicht, so ist es
sinnlos, weitere Energie in diese Wunschvorstellung zu geben: Beziehung
ist nur lebbar, wenn beide gewillt sind, aufeinander zuzugehen. Doch

vielleicht deckst du mittels dieser Übung auch innere Widerstände auf, die du bisher nicht wahrhaben wolltest.

Umgang mit Ambivalenz seitens des Partners

„Lieber alleine, als schlecht begleitet", sagen die Spanier. Ist man mit einem Partner zusammen, der über einen langen Zeitraum hinweg immer wieder grübelt, ob er einen denn nun liebt oder nicht, so stellt sich das als harte Probe für die eigene Belastbarkeit dar. Auf jeden Fall ist es ein beachtenswerter Schritt, sich in die Lage zu versetzen, mit Ambivalenz umzugehen, sie miteinander zu thematisieren, Zweifel des Partners anzunehmen und mit Humor oder konstruktiver Schlagfertigkeit zu reagieren. Dies ist zudem viel gesundheitsschonender, als ohne rechte Bewusstheit ständig Verletzungen zu erdulden. Durch aktiven Umgang mit der Ambivalenz können beide Beteiligte in einen positiven Prozess inneren Wachstums vorstoßen.

Eine andere Option stellt der Versuch dar, das Problem so weit als möglich bei dem zu belassen, bei dem es sich zeigt. Falls man sich dazu imstande fühlt, kann man dem Anderen in dieser Zeit freistellen, ob und wann er einen sehen möchte. Man lässt ihm offene Türen, geht aber ein wenig auf Distanz, um eigenes Leiden zu verringern.

Natürlich bleibt auch die Möglichkeit, einen deutlichen Schlussstrich zu ziehen, wenn sich anhaltende Ambivalenz beim Partner zeigt.

Immer zum Scheitern verurteilt ist, die Liebe als Herausforderung dafür anzusehen, den Anderen vom Wert der Beziehung zu überzeugen. Liebe lässt sich nicht durch Überzeugungskünste, selbstlose Hingabe, beharrliche Fürsorge oder unbeirrtes Feilen an der eigenen Attraktivität gewinnen.

Menschen, die an einer verbindlichen Beziehung arbeiten möchten, würden manchmal am liebsten für den Partner gleich mitentscheiden, dass man zusammenbleibt. Darüber jedoch muss sich jeder selbst Klarheit verschaffen. Durch fortgesetztes Zelebrieren irgendwelcher Überzeugungskünste verbannt man sich in erster Linie selbst in eine kräftezehrende Warteschleife.

Je intensiver man sich um jemanden bemüht, umso stärker lodert oft das Feuer des Begehrens im eigenen Herzen auf, während im Kopf Verwirrung entsteht. Auf diesem Wege bis ins Mark verliebt, setzen es sich viele zum einstweiligen Lebensziel, die Zuneigung des Anderen doch noch vollständig zu erringen. Sie wollen partout etwas erreichen, das nicht in ihrer Macht steht.

Es kann aber auch ein anderes Phänomen auftreten, das an dieser Stelle nicht unerwähnt bleiben soll. Manchmal treten Zweifel an einer Verbindung auf, die in der Praxis eigentlich recht gut läuft.

Hier kann die Ursache zum Beispiel in beruflicher Überlastung liegen. Der arbeitsbedingt zu hohe Adrenalinspiegel suggeriert ein Abenteuer statt der vertrauten Zweisamkeit. Nun, seid kreativ! Wagt es, euch in ungewohnter Weise zu begegnen. Exotisch essen gehen statt Abendbrot ... eine steile Skipiste? Oder ein Spaziergang im nahegelegenen Bannwald? Was wünscht sich der „wilde" Teil in euch? Was wollt ihr in der Realität verwirklichen, was in der Fantasie leben? Wie äußert sich euer Bedürfnis, in Ruhe miteinander zu sprechen, euch auszutauschen, euch immer tiefer ineinander einzufühlen? Gibt es eine Möglichkeit, Zeit im Alltag zum Ausleben dieser Wünsche zu finden?

Sucht einen neuen Weg zueinander. Begegnet euch, als würdet ihr euch gerade erst kennenlernen. Traut euch, jung zu sein und vergesst eine Zeitlang die Uhr – das kann Wunder bewirken.

Die Faszination des Einsseins mit sich selbst

Wie zuvor beschrieben, kann es zeitweise sinnvoll sein, stärker auf das Gefühl oder auf den Verstand zu hören. Dabei ist es jedoch hilfreich, das übergeordnete Ziel nicht aus den Augen zu verlieren: beiden Stimmen einen angemessenen Platz im Leben zu geben. Können wir die Sichtweise des Gefühls und die des Verstandes in ein umfassendes Ganzes integrieren, so treffen wir auch Entscheidungen ganzheitlich und finden letztlich zu einer

☀ *vom Herzen gefühlten Weisheit* ☀

Wie gelingt das konkret? Manchmal kann ein bestimmtes Ereignis aufrütteln:

Viktoria ist eine zupackende Frau mit Familie und Beruf, die früher unter starken Schlafstörungen litt. Eines Tages, als sie gerade mal wieder besonders unausgeschlafen war, schleuderte sie mit ihrem Auto in einer scharfen Kurve gegen einen Baum. Sie zog sich schwere Verletzungen zu, doch wie durch ein Wunder sprang sie dem Tod von der Schippe. Sie gewann Zeit, um zu reflektieren, und konnte aus dieser schrecklichen Situation als neuer Mensch hervorgehen. Seitdem spult sie ihren Beruf sowie ihre Rolle als Ehefrau und Mutter nicht mehr bloß ab, sondern erfüllt ihr alltägliches Tun mit Einfallsreichtum und Lebendigkeit. Von kreativen Ideen ihrer Kinder lässt sie sich stärker berühren.

Ihr ist, als sei ein Schleier aus Perfektionsstreben von ihr abgefallen, als könne sie jetzt kleine Zeichen der Liebe besser wahrnehmen: Ein Strauß wild gewachsener Blumen, von einem Kind gepflückt, leuchtet nun farbenprächtig vor ihren Augen und ist nicht mehr, wie früher, in erster Linie Garant für Schmutz im Haus. In nächtlichen

Denkspiralen oder unrealistischen Herzenswünschen verfängt sich Viktoria nicht mehr.

Wenn du in einem heftigen Widerspruch festhängst – wie kannst du diesen nach und nach entwirren und zu einer Klärung finden? In einem ersten Schritt wendest du dich den beiden inneren Stimmen zu, beispielsweise so:

Ich horche in mich hinein: Was spüre ich im Herzen? Und was sagt der Verstand genau?
Nun betrachte ich ein schönes Bild, das mein Herz anspricht, oder male selbst eines aus dem Gefühl heraus.
Ebenso schreibe ich einige Gedanken zu dem Thema auf, das mich gerade beschäftigt.
In dieser Art gebe ich beiden Stimmen in mir Gelegenheit, Gehör zu finden. Ich akzeptiere ihre Unterschiedlichkeit.

Auch versuche ich zu ergründen, bei welchen Annahmen oder Gefühlen ich womöglich einer Täuschung oder Selbsttäuschung erliege. Spürend und forschend fühle ich in mich hinein: Wie kann ich verschiedene Persönlichkeitsanteile mit ihrer konkreten Sichtweise in mir zum Zuge kommen lassen?

Günstigenfalls entstehen durch diese Übung neue Perspektiven, aus denen sich persönliche Lösungen herauskristallisieren.

Eines Tages erwachst du dann, und plötzlich ist sie da, sonnenklar: die Lösung des Problems, das dich schon so lange in Verstand und Gefühl beschäftigt hatte. Endlich! Deine Intuition spricht zu dir und verbindet miteinander Erfahrung, Wissen, Fühlen und inneres Ahnen. Gerne wird sie sich bei dir melden, wenn du entspannt bist: bei schöner Musik, in der Badewanne, beim Genießen der Abendluft auf dem Balkon, im Gebet, in der Meditation, auf dem Gipfel eines hohen Berges … Die Intuition wird häufig als Geschenk beschrieben, als zauberhafter Moment plötzlicher Erkenntnis. Tritt sie uns entgegen, so sind wir einen Schritt weiter auf dem Weg heraus aus der **Zerrissenheit**.

Oft gelingt dann auch unvermittelt das Loslassen einer fixen Idee, ein Richtungswechsel! Etwa kann durch solch eine intuitive Einsicht die Beklemmung einer beendeten Beziehung einem Gefühl von Freisein weichen.

Sind wir von **Zherrri** vollständig befreit, erwächst aus der früheren Auseinandersetzung mit diesem Quälgeist eine nicht zu unterschätzende Flexibilität sowie inneres Einssein.

So erlebte es Michaela: Sie hatte als Jugendliche unter einer ambivalenten Beziehung gelitten, was zu einer buchstäblichen Zerreißprobe für sie geworden war. Nachdem sie ihren Schmerz verarbeitet hatte, studierte sie Psychologie. Auf besonders kreative Weise begleitet sie heute Menschen in Krisensituationen und hilft ihnen dabei, einen für sie stimmigen Weg zu finden, in dem sowohl Herz als auch Verstand zum Zuge kommen.

Es ist immer ein großer Gewinn,
etwas überstanden zu haben.
Die Gewissheit stellt sich ein, fortan jede
Herausforderung von ähnlicher Dimension
gut meistern zu können.

5. Das Naivitäts-Gesicht

Schüchtern, manchmal auch divenhaft, betont kokett, dann wieder hübsch, brav und anmutig: So zeigt sich **Naivität** ihren Opfern. In Wirklichkeit ist **Naivität** nichts von alledem! Allerdings befällt sie brave, schüchterne Menschen am liebsten: Sie macht sich ihnen gleich und setzt alles daran, sich einzuschmeicheln. **Naivität** treibt mit Menschen ein Verwirrspiel: Sie verleitet sie dazu, Zeichen zu überinterpretieren, Lügen zu glauben und auch auf Betrug hereinzufallen – um nur einige ihrer Machenschaften zu nennen. Das Fiasko ist damit programmiert.[6]

Hat sie den Fuß erst in der Tür, bewegt **Naivität** ihre Opfer mit Vorliebe dazu, selbst unbeteiligten Personen möglichst detailreich zu berichten, wie übel ihnen in der Liebe mitgespielt wurde. Und weil sich ihre Opfer tatsächlich durchweg brav und nett verhalten, gelingt es **Naivität** umso häufiger, Beteiligte und Unbeteiligte glauben zu machen, schuld an dem ganzen Desaster sei einzig und allein jemand Drittes. Keinesfalls also das illusionäre Gesicht oder die von ihm Besessenen. So gelingt es **Naivität** seit jeher, über sämtliche Kulturgrenzen hinweg ihr äußerst erfolgreiches Spiel zu treiben.

---

[6] Mit „Naivität" meine ich vorrangig die unreflektierte Annahme, dass nahezu alle Menschen sich ähnlich wie man selbst verhalten würden. Das Wort hat Bedeutungsverschiebungen erfahren, weswegen es zur Zeit nicht immer einheitlich verwendet wird.

Brillant fühlt sich **Naivität**, wenn sie es schafft, junge Menschen geradezu wahnhaft auf Popstars zu fixieren. Die Stars singen sich in die jugendlichen Herzen, schenken ihnen beeindruckende Botschaften und rütteln sie ordentlich durch. Ganz persönlich fühlt sich jeder Fan angesprochen und dabei von Engstirnigkeit befreit! Unter Massen von kollektiv Berauschten betrachtet sich jedes Opfer von **Naivität** auf geheimnisvolle Weise so, als befände es sich selbst im Zentrum des Geschehens, Seite an Seite mit dem Star.

Das **Naivitäts**-Gesicht ist stets bemüht, seine Trickkiste geschlossen zu halten. Daher soll an dieser Stelle auf die Erzählung eines seiner Opfer zurückgegriffen werden:

Eine junge Frau berichtet, als Achtzehnjährige sei sie nach Übersee zum Konzert eines berühmten, von ihr leidenschaftlich verehrten Popmusikers gereist. Als endlich der große Tag gekommen war, stand sie begeistert und in heller Aufregung ganz vorn an der Bühne, um ihrem Idol so nah wie möglich zu sein. Und was geschah? Nach dem Konzert lief der allseits Umschwärmte von Beifall umtost direkt an ihrer Nase vorbei, schaute ihr für einen Sekundenbruchteil in die Augen und lächelte ihr zu. Nichts weiter. Doch in dem jungen Mädchen entbrannte durch dieses Gesehen- und Angelächeltwerden das heftige Gefühl, er habe gerade sie auf eine geheimnisvolle Weise erkannt. Eine Vorstellung, die sie erheblich verwirrte.

Was können wir aus dieser und auch weniger extremen Formen naiver Bewunderung schlussfolgern? **Naivität** will uns über möglichst lange Zeit in einen tranceähnlichen Zustand versetzen, während dem wir hilflos **Wenn-dann** (siehe Kapitel 2) und unserem eigenen ungezügelten **Wunschdenken** ausgeliefert sind. Wer mit jemandem zu tun hat, der von

Naivität heimgesucht wurde, merkt schnell, dass dieser Mensch sich etwas vormacht und überinterpretiert – nur der Betroffene selbst verschließt sich solch ernüchternder Erkenntnis. Zu gern möchte er sich vollständig mit der Ausstrahlung des Menschen verbinden, den er liebt und verehrt!

Manche Opfer der **Naivität** sind schier süchtig danach, sich unermüdlich für ihre Liebe einzusetzen und zeigen sich somit auch für sanfte Varianten von **Strategie** anfällig. Ein Opfer des **Naivitäts**-Gesichts kann leicht in eine fatale Gefühlsdynamik geraten: Zeigt sich die begehrte Person als unerreichbar, so fühlt sich der Liebende allein dadurch sogar noch stärker zu ihr hingezogen.

Die **Naivitäts**-Illusion wirkt auf kreative, träumerische Menschen unbewusst attraktiv. Kaum hat sie ihre fragwürdige Arbeit begonnen, vernebelt sich die Wahrnehmung des von ihr Befallenen. Um ihn herum entsteht eine Fantasiewelt, in der die eigenen Sehnsüchte oberste Priorität genießen. Damit öffnen sich Tür und Tor dem Wunschdenken, wie wir später noch feststellen werden.

Doch näher kommend, lässt sich eine andere Stimme vernehmen …

Klarheit finden

Naivität ist wirklich verführerisch! Sie weiß schönzutun, schmeichelt sich aber in Wirklichkeit bei ihren Opfern nur ein, verdreht deren Verstand und lässt sie ständig auflaufen. Schauen wir einmal genau hin: Woraus bezieht dieses Gesicht eigentlich seinen Lebenssaft?

Das **Naivitäts**-Gesicht ernährt sich von der Annahme, alles in dieser Welt sei perfekt aufeinander abgestimmt. Darum lohne es nicht darüber nachzudenken, was man höre, sehe oder schmecke. Alle spontanen eigenen Gedanken hierzu – „… sie werden schon stimmen!" Während **Naivität** sich von solcher Grundeinstellung ernährt, erzeugt sie bei ihren Opfern eine bedenkliche Schlussfolgerung: Einander ähnliche zwischenmenschliche Signale unterschiedlicher Menschen hätten darum auch weitgehend übereinstimmende Bedeutung. Signale werden somit falsch interpretiert.

Zudem fördert **Naivität** den Irrglauben, es gäbe da draußen in der großen, weiten Welt genau einen Menschen, dem man sich bloß anzuschließen brauche, um vollständig glücklich zu werden. Wer sich davon beeindrucken lässt und denkt, genau diese eine Person gefunden zu haben, kann sich in überwältigende Begeisterung hineinsteigern. Sogar dann, wenn diese Liebe nicht gelebt werden kann.

Doch das Treiben des **Naivitäts**-Gesichts verliert seine Macht, wenn wir seine Erscheinung mit klarer Sicht aus der Nähe betrachten. Klare Sicht ist die Kraft zur Unterscheidung, welche uns Herz und Verstand erhellt. Sie lässt uns erkennen, wie sich der Kontakt zu anderen gestaltet und sich manchmal schmerzhaft verknotet. Dadurch begreifen wir leichter, wie einige Missverständnisse entstehen. So können wir uns besser gegen bestimmte Fehlschlüsse und einen ganzen Rattenschwanz an Emotionen wappnen.

Um also **Naivität** zu bändigen und im Feld der Liebe Klarheit zu erlangen, hilft eines: sich bestimmte Zusammenhänge bewusst zu machen. Denn es treten Formen der Verliebtheit auf, die wegen falsch verstandener Signale zu einer besonders schwer zu überwindenden Quälerei werden.

Signale richtig einordnen

Vom ersten Augenblick an, als Theo die bildschöne Kerstin kennenlernte, beteuerte er, dass er nur diese Frau und niemals eine andere würde lieben können. Kerstin war allein und blieb es lange. Jahrelang schrieb ihr Theo leidenschaftliche Liebesbriefe und überhäufte sie mit kostbaren Geschenken: Zuerst eine spanische Gitarre, dann ein elegantes Fahrrad, schließlich wertvollen Schmuck. All dies war Ausdruck seiner überschwänglichen Art, ihr seine Liebe zu beweisen. Sie genoss es.

Nach Jahren der einseitig treuen Zuneigung erfuhr Theo, dass sie einen anderen heiraten würde. Überdies war zu hören, dass in den vergangenen Jahren mehrere Männer in Kerstins Umfeld sogar Frau und Kinder verlassen haben. Warum? Sie hatten sich ebenfalls heftig in Kerstin verliebt und sahen das Leben in einer Single-Wohnung als Voraussetzung, um bei ihr wenigstens eine geringe Chance zu haben. Diese Frau, die weder Schauspielerin noch sonst berühmt war, umgab offenbar ein Zauber. Oder ein Fluch? Hat sie mit all diesen Personen und deren Gefühlen nur gespielt? Wir wissen es nicht.

Sie sind jedoch keine Seltenheit: Menschen, denen Selbstdarstellung wichtiger zu sein scheint als lebendige Beziehungen. Einige machen sich einen Sport daraus, immer wieder die eigene Attraktivität auszutesten. Unabhängig davon, ob sie in einer Beziehung leben oder nicht. Sprich: Sie sind ständig darauf erpicht, aufs Neue herauszufinden, wer alles bereit wäre, sich mit ihnen einzulassen und wie weit die Betreffenden zu gehen bereit sind.

Manche legen es dabei auf kurze Affären an, bleiben nicht lange treu und mutieren ebenso leichtfertig wie leichtfüßig zu hundertfachen Herzensbrechern. Eine zweite Kategorie testet ihre Attraktivität lieber nur theoretisch – was für empfindsame und feinfühlige Menschen jedoch nicht minder gefährliche Auswirkungen zeitigen kann. Diese Personen nehmen in Kauf, andere Menschen durch intensives „Anflirten" und gespieltes Interesse in die Verliebtheit zu treiben – allerdings nur, um nach einem solchen Erfolgserlebnis sang- und klanglos wieder zu verschwinden. Mitunter aber lassen sie sich von ihrem Verehrer eine ganze Weile verwöhnen, bis sie ihn dann abblitzen lassen. Nicht selten wird dabei beträchtlicher emotionaler Flurschaden hinterlassen.

Wie Unglücksgaranten wirken verheiratete Menschen, die sich beim Kennenlernen als außerordentlich charmante Singles zeigen, um sich ein Doppelleben mit einem Geliebten ermöglichen zu können. Kein Honigschlecken für jemanden, der hier mit naiv liebendem Herzen hineingerät. Trotz des Wunsches vieler in den Schatten gedrängter Geliebten, ihre Beziehung öffentlich zu machen und treu leben zu können, müssen gerade sie oft erkennen: Mit ihrer Hingabe wirken sie sogar ausgleichend und stabilisierend auf die Ehe ihres Liebhabers.

Es sind auch Frauen und Männer unterwegs, die zwar eine treue Beziehung zu leben bereit sind, dabei aber nur in der Kennenlernphase einen liebevollen Umgang pflegen. Bald darauf kommt solchem Verhalten eher Seltenheitswert zu. Das kann aus Überforderung geschehen oder auch aus charakterlicher Schwäche.

In Extremfällen kommt es vor, dass in eine gerade kriselnde Ehe eingebrochen wird, um die eigenen Chancen auszutesten, oder einfach, weil „die Kirschen in fremden Gärten stets schmackhafter aussehen". Sobald die Romanze gelebt werden konnte und in der Regel eine zerrüttete Familie zurückbleibt, verflüchtigt sich das Interesse.

Solchen Leuten könnte man für den Rest des Lebens böse sein. Man könnte sie heftig beschimpfen, (nutzlose) Moralpredigten halten oder ihnen gar verbieten wollen, sich in derartiger Weise zu gebärden. Viel leichter, vor allem vernünftiger, ist es jedoch, sich selbst zu schützen: Es ist einfacher, sich selbst Schuhe anzuziehen, als die ganze Welt mit Leder auslegen zu wollen.

Wir sind also gut beraten, in uns selbst die Fähigkeit zu kultivieren, derlei Spielchen mit dem Feuer und Unterdrückungsmanöver schnell und schon im Ansatz zu durchschauen. Das schützt davor, sich unversehens in der Rolle des Gebrannten wiederzufinden.

Häufig verleitet bereits die erste Begegnung zu Projektionen, zweifelhaften Hoffnungen und Erwartungen. Gemischte Gefühle zwischen Hingezogensein und Angst können sich einstellen, wie es Adriaan M. de Jong in seinem Roman *„Heller Klang aus dunkler Flöte"* seinen Helden erfahren lässt: „War diese Trunkenheit, diese furchterregende Bezauberung Liebe? Wie kam es, dass sich immer wieder ein unbestimmter Schrecken in das Entzücken mischte?"[7] Bei solchen Gefühlslagen ist Selbstschutz dringend geboten.

Durch bedachte Gesprächsführung lässt sich die Lebenssituation des Anderen ausloten. Denn Gebärden und Mimik allein ist nicht zuverlässig zu entnehmen, ob das, was jemand erzählt, tatsächlich der Wahrheit entspricht!

Selbst der warme, anhaltende Blickkontakt und die bei Liebesbekundungen sichere und zärtliche Stimme können verhängnisvoll täuschen. Schließlich wirken unaufrichtige Menschen oft selbstsicherer als ehrliche, weil sie ihre Rolle beherrschen und geübt sind. Um sich gegen vorschnelles Verlieben zu schützen, ist es daher besser, eine Konversation bei beginnendem „Knistern" auf freie, unkonventionelle Weise weiterzuführen und dabei auch Fragen anzusprechen, auf die sich das Gegenüber nur schwerlich vorbereiten kann. Die Antworten dürften damit weniger stereotyp ausfallen.

Somit schwinden jene Formen der Fügsamkeit und Schüchternheit, die regelmäßig Angriffspunkte für das **Naivitäts**-Gesicht darstellen. Du immunisierst dich gegen den tranceähnlichen Zustand, in den **Naivität** dich hineinmanövrieren möchte, am liebsten bis zur Obsession. Du wirst selbst aktiv!

[7] Adriaan M. de Jong *„Heller Klang aus dunkler Flöte"*, Stuttgart 1938, S. 446

Fragen lassen sich auch indirekt einbringen. Wenn Zweifel bestehen, ob der Andere tatsächlich ungebunden ist, wirf bei passender Gelegenheit zum Beispiel eine Frage dieser Art ein: „Teilt deine Partnerin auch diese Meinung?" und beachte, ob und wie der Gesprächspartner damit umgehen kann.

Vorsicht ist angebracht, wenn jemand nicht aushält, dass du – mit welchem Bezug auch immer – eine andere Meinung vertrittst.

Das alles bedeutet sicher nicht, neuen Bekanntschaften gegenüber eine Grundhaltung des Misstrauens aufzubauen. Aber wenn sich bei einer Begegnung meine Verliebtheit mit einem merkwürdigen Bauchgefühl mischt, ist die Kenntnis von Methoden wichtig, mit deren Hilfe ich mich schützen kann.

Was aber, wenn ich feststelle, es nicht mit tief empfundenem Interesse an meiner Person oder gar mit einer Lüge zu tun zu haben? Dann reicht es völlig, mir lächelnd einzugestehen: Dieser Mensch ist für eine Beziehung mit mir einfach nicht der Richtige!

Manchmal wird auch schlicht ein Signal falsch interpretiert. Daraus entsteht unter Umständen gar ein Missverständnis, das zur Verliebtheit führt. Eine Umarmung oder ein Wangenküsschen könnte durchaus viel Zuneigung bedeuten, aber auch ein unverfängliches Begrüßungs- und Abschiedsritual darstellen. In unserer multikulturell ausgerichteten Gesellschaft begegnen wir einer breit gefächerten Palette unterschiedlicher sozialer Umgangsformen und Regeln. Man kann sich deshalb leicht missverstehen. Darum ist es sinnvoll, auf Wertungen, erst recht auf Schuldzuweisungen, zu verzichten.

Der Verstand ist deshalb hier die einzig richtige Kraft, um gefährliche **Naivität** zu überwinden, die Füße wieder auf den Boden zu bekommen und sich nicht täuschen zu lassen.

Zusammenhänge erkennen – auch mit Hilfe von Freunden

Klare Sicht schärft den Blick für das eigene Leben. Folgende Fragen zu reflektieren hilft, biografische Zusammenhänge zu erkennen:

Erinnert mich der geliebte Mensch an jemand anderen, zum Beispiel an eine Person, mit der ich früher einmal zu tun hatte? Wie gestaltete sich damals dieser Kontakt?

Führt mich meine Lebensplanung tatsächlich an genau den Punkt, an dem ich mit dem geliebten Menschen zusammen sein möchte?

Die ehrliche Beantwortung dieser Fragen kann helfen, unüberlegte, leidvolle und auch einseitige Bindungen zu lösen.

Ich stelle mir die Erlebnisse, die zur Verliebtheit führten, noch einmal konkret vor. Dabei bleibe ich kritisch mit mir selbst.

Die junge Popstar-Verehrerin könnte sich zum Beispiel fragen: „Nun, wie war es tatsächlich? Hat er mir denn minutenlang tief in die Augen geschaut? Mir gar eine Liebeserklärung gemacht?" In diesem Fall ist das Ausmaß der Projektion hoch und könnte im Prinzip schon darum leicht durchschaut werden.

Wie sah es in meinem persönlichen Fall aus? Gab es vielleicht sogar Warnsignale in meinem Inneren, die ich übergangen habe?

Falls immer noch starke Gefühle aufflammen und man die eigene Situation mit nur geringer Distanz betrachten kann, erscheint zielführend, mit einem

Freund zu sprechen und nach dessen Perspektive zu fragen. Um dabei Beeinträchtigungen durch eventuelle Rivalitäten auszuschließen, sollte es sich um eine sehr gut befreundete Person handeln.

Würde der Verehrerin des Popstars eine verständnisvolle Freundin wohl wirklich in dieser Weise Mut zusprechen: „Ja, das ist deine Lebensaufgabe, er wird schon merken, dass er dich liebt, hat es nur noch nicht erkannt"? Gute Freunde helfen uns aus Fixierungen heraus und befreien uns von Scheuklappen: mit ihrer eigenen, erfrischenden Sichtweise, die sie uns offen und direkt mitteilen.

Der bewunderte Mensch ist eine schätzenswerte Persönlichkeit – doch leider war er wohl zu einer Projektionsfläche von Wunschvorstellungen und Hoffnungen geworden. Wenn mir dämmert, dass kein Mensch den anderen verliebt machen kann, sondern ich ihn mir ausgesucht und vielleicht sogar an der Täuschung des Herzens mitgewirkt habe, dann ergeben sich unversehens Wahlmöglichkeiten:

Ich bin imstande, eine festgefahrene Verbindung zu lösen und gesunde Beziehungen aufzubauen. Solche, die mir hell und lebensfroh erscheinen, die mit meiner Situation gut vereinbar sind. Ich öffne mich dort dem Leben, wo ich mich entfalten kann. Dadurch entstehen Möglichkeiten, sinnvoll mit anderen zusammenzuwirken.

Langsam wird die Welt klarer: zu einem Spiegel meiner selbst. Ich tauche in die Erfahrung ein, alles um mich herum genauso zu erleben, wie es meinem Inneren entspricht. Und falls Mitmenschen mal nicht so freundlich sind, das Regenwetter bedrückend wirkt oder wieder alte Gedanken- und Gefühlsmuster aufflackern, so ist da doch die Gewissheit: „Auch das geht vorüber!", ohne jeden Zweifel. Denn ich bekomme immer mehr das Werkzeug in die Hand, um mein Erleben zu gestalten.

Wesentlich beim Loslassen der **Naivität** ist, „das Kind nicht mit dem Bade auszuschütten". Unverstelltes Vertrauen in die Mitmenschen ist etwas sehr wertvolles! Von **Naivität** befreit, kannst du Begegnungen jedoch mit größerer Besonnenheit erfahren. Du unterliegst nicht mehr auf unbewusste Weise der Attraktivität des Gegenübers. Gut in dir selbst verankert, trittst du in geerdete Resonanz.

Du bewegst dich offenen Herzens in deiner Welt – mit klarem Geist!

*In der Welt dauern weder Glück
noch Unglück ewig an.*

6. Das Wunschdenken-Gesicht

Ein besonders erfolgreiches und wie von einer magischen Aura umgebenes illusionäres Gesicht, das seinen Sympathisanten das Leben verschönert, ist das **Wunschdenken**. Aber diese Schönheit ist eine Fata Morgana: Sie wird – einer gemeinsamen Halluzination gleich – tatsächlich nur von diesem Gesicht und seinen Opfern wahrgenommen. Und in diesem schönen Schein gefangen taumeln sie wunschträumend durchs Leben …

Hat uns **Wunschdenken** erst einmal befallen, so manövriert es sich mit verträumtem Blick immer tiefer in unser Leben hinein. Von der Aura dieses Gesichts in Trance versetzt, kommt uns zunehmend die Fähigkeit abhanden, zwischen Wunsch und äußerer Wirklichkeit unterscheiden zu können. Dies geschieht in weit mehr Lebensbereichen als nur in den Dingen der Schönheit: Viele fühlen sich vom Traumpartner für immer auserwählt und geliebt – selbst dann, wenn es darauf nicht den kleinsten greifbaren Hinweis gibt!

Es verwundert also nicht: **Wunschdenken** erfreut sich bei seinen Opfern sogar außergewöhnlicher Beliebtheit. Zu angenehm sind die von ihm hervorgerufenen Gefühle. Gegenüber seinen Kollegen gibt es sich äußerst zuvorkommend und unterhält mit Seinesgleichen vielseitige persönliche und geschäftliche Beziehungen.

Oberste Priorität für **Wunschdenken:** sich dauerhaft in Herz und Verstand seines Opfers einzunisten! Aus diesen Schaltzentralen heraus münzt es jegliches Signal der Freundlichkeit sofort in Liebeserklärungen des Traumpartners um. Selbst aus Zurückweisung und Ablehnung werden betörende Liebeslieder komponiert, die **Wunschdenken** seinem Opfer im Namen der verehrten Person vorsingt. Es kann so weit kommen, dass sogar energische, wütende Grobheit zu einer Art Prüfung uminterpretiert wird, mittels derer das Ausmaß der Liebe getestet werden soll. In aller Deutlichkeit flüstert **Wunschdenken** ein: „Es handelt sich hier nur um eine Probe! Es gilt für dich zu beweisen, dass du mit deinem Beziehungswunsch richtig liegst, weil du trotz allem zu deiner Traumperson hältst!"

Aber auch innerhalb gelebter Liebesbeziehungen mischt **Wunschdenken** kräftig mit: Wir idealisieren unseren Partner, formen uns ein Bild von ihm ganz nach unserem Geschmack, blicken stets nur auf das, was wir als attraktiv, erfreulich und passend empfinden. Alles, was uns nicht gefällt, wird ausgeblendet. Das Ergebnis ist: Wir sind gar nicht wirklich auf unseren Partner bezogen, sondern auf eine Fantasiegestalt, die vollendet mit unseren Vorstellungen harmoniert! **Wunschdenken** umhüllt den tatsächlichen Mitmenschen mit einem Nebel der Idealisierung und verhindert damit jeden authentischen Kontakt. Äußert der Andere, er sei traurig, zeigt er sich schlecht gelaunt, ärgerlich ... werden diese Zustände kurzerhand als irrelevant abgetan und mittels einer gutgemeinten freundlichen Geste in den Bereich des Unerwünschten verdrängt.

In Fällen jedoch, in denen das Untier bereits mit voller Kraft aus dem Verdrängten ausgebrochen ist, sodass eine Beziehung aus fast nichts weiter als Machtkämpfen und Unterdrückungsmanövern besteht, lässt **Wunschdenken** wiederum keinen Zweifel aufkommen: Eines Tages wird die Zeit alle Verletzungen geheilt haben, es wird ein Wunder geschehen und das ersehnte gemeinsame Glück prachtvoll erstrahlen lassen.

Somit wird überdeutlich, mit welcher Heimtücke **Wunschdenken** seine Opfer dazu bringt, im selbstgezimmerten Kosmos zu verharren, wie in einer Seifenblase, die sich immer gefährlicher ausdehnt. Darin existiert keinerlei Störung, alles entspricht der ewigen Sehnsucht nach romantischem Liebesglück in stetem Gleichklang der Herzen. Weswegen **Wunschdenken** auch nicht müde wird, seinen Opfern weiszumachen, diese Blase sei außerordentlich stabil, und zerplatzen werde sie nie und nimmer!

Nun … Ist das alles, was du unter der Sonne zu wünschen gedenkst?

Ankommen in der Präsenz

Wunschdenken ist wirklich ein reizvoller Verführer! Flüchtig, fassadenhaft, nur fiktiv – aber manchmal recht glaubhaft – lässt es die kühnsten Träume für uns wahr werden. Wie kommt es, dass wir Menschen immer wieder auf **Wunschdenken** hereinfallen und uns wohlig an dessen schönem Schein berauschen?

Ein Grund unserer Anfälligkeit für dieses illusionäre Gesicht mag in unserer leicht zu aktivierenden Ungeduld liegen. Unschwer findet **Wunschdenken** einen Ansatzpunkt, wie es sich bestens bei uns verkösten kann: Es lässt sich unser menschliches Bestreben schmecken, durch positives Denken die Realität zu unseren Gunsten zu verändern. Während sich **Wunschdenken** köstlich nährt, mengt es unserem Denken eine schwindelerregende Eile bei. Vor lauter Ungeduld nehmen wir dann irrigerweise an, allein die Kraft unserer Gedanken reiche aus, Veränderungen der Wirklichkeit nachhaltig herbeizuführen. Und falls eine gewünschte Veränderung doch nicht eintreten sollte, lässt sich immer noch mit der Parole kokettieren: „Ich leide nicht an Realitätsverlust – ich genieße ihn!"

Im Prinzip sind positive Gedanken etwas sehr Hilfreiches. Wenn wir Probleme haben, ist Zuversicht durchaus sinnvoll. Äußerst nützlich ist es auch, spielerisch Veränderungen einer Situation zu durchdenken, um Ansätze für deren Umgestaltung leichter zu erkennen. In der Liebe ist Wunschkraft die Triebfeder für Spontaneität und Einfallsreichtum.

Bedenklich wird es dann, wenn das Wünschen zum Maß aller Dinge wird, und am Ende gar Wunsch und äußere Wirklichkeit miteinander verwechselt werden. Dann verliert man sich in Fantasien und stülpt die innere Wirklichkeit der äußeren über. Schon ist man in die Falle des **Wunschdenkens** getappt. Zwar kennt man aus der Weltgeschichte genügend Beispiele, wie diese Verwechslung in Politik und Wirtschaft bei weitem mehr Schaden anrichtete als unglückliche Liebe dies wohl jemals vermag. Doch auch das persönliche Herzeleid ist nicht zu unterschätzen …

Sogar sehr viel Kummer in der Liebe rührt vom **Wunschdenken** her: Unter seinem Einfluss kann man die Wirklichkeit des Anderen nicht mehr in sich aufnehmen, weil die eigenen Vorstellungen zu stark geworden sind.

Vom konkreten Geschmack der Wirklichkeit

Um **Wunschdenken** von Grund auf beizukommen, hilft es, sich ganz und gar im Hier und Jetzt einzufinden und das anzunehmen, was gegeben ist. Öffnen wir uns für eine nicht wertende Präsenz, so sind wir unvoreingenommen gegenwärtig im Heute und können aus jeder Situation das jeweils Bestmögliche machen.

Wir erfahren den konkreten Geschmack der Wirklichkeit. Lassen wir uns tief darauf ein, uns leibhaftig mit der uns umgebenden Realität zu verbinden, so intensivieren wir sämtliche Sinneseindrücke des prallen, gegenwärtigen Lebens. Klirrende Kälte beim Snowboardfahren, sengende Hitze in den Tropen, ein Unwetter in der Nacht – wir verbinden uns mit dem Sein, wie es sich uns zeigt.

Die Präsenz befähigt uns, nicht einfach das zu glauben, was uns lieb wäre oder was wir gerne hätten. Wir werden offen dafür, das zu sehen, was wir mit einem unbefangenen Herzen wahrnehmen.

Wir empfinden Mitgefühl mit jenem Greis auf der Parkbank, der mit rauer Stimme über den Wetterumschwung schimpft. Vielleicht bald schon entlocken wir ihm interessante Geschichten aus seinem Leben, und seine Zahnlücken und sein ungekämmtes Haar fallen uns gar nicht mehr auf! Solch eine Änderung der Einstellung ermöglicht uns, mit viel weniger innerem Widerstand zu leben.

> *Überall, wohin du dich bewegst, weht Wind aus Molekülen, die bereits die herrlichsten Orte dieser Erde umweht haben. Schönheit liegt im Auge des Betrachters. Verbinde dich sanft mit all den Geschenken um dich herum! Du kannst das Leben in der Tiefe in dich hineinlassen – jenseits aller äußeren Form.*

Auf diese Weise wird es einfacher, für das eigene Leben und alles, was es mit sich bringt, Verantwortung zu übernehmen und sich zu engagieren. In seiner *„Anleitung zum wunschlosen Glück"*[8] hat der Psychologe Rainer Grunert eine Methode entwickelt, wie man mit genau dem, was gegeben ist, vollständig glücklich werden kann. Der Trick ist leicht anzuwenden:

---

[8] Rainer Grunert *„Anleitung zum wunschlosen Glück"*, Oberstdorf 2009

Man stelle sich einfach vor, man hätte sich das, was geschieht, zuvor genauso gewünscht! Somit sieht man in jeder Situation sofort positive Aspekte und kann diese für die eigene Entwicklung und für konkrete Ziele nutzen. Hierbei handelt es sich um eine Methode vieler erfolgreicher Menschen.

Ein Beispiel dazu: Cornelia war als Psychologin ein Jahr lang arbeitslos gewesen. Die nicht enden wollenden Gänge zum Arbeitsamt störten sie erheblich, bis sie sich entschloss, etwas entspannter damit umzugehen. Eines Tages kam sie ins Gespräch mit einer Angestellten dort, die sie ganz nebenbei darauf hinwies, dass direkt im Arbeitsamt immer wieder Psychologen gesucht würden. Sie bewarb sich initiativ und bekam sofort eine geeignete Arbeitsstelle.

Menschen wollen oft woanders als am gerade aktuellen Ort sein. Ist es nicht viel schöner, die Situation wie gegeben anzunehmen? So können wir miteinander das Beste daraus machen. Als Kind auf den kanarischen Inseln gehörte es zu meinem Alltag, dass kein Bus pünktlich fuhr. Für die meisten Busse gab es nicht einmal einen richtigen Fahrplan. Man stellte sich einfach so lange an die Haltestelle, bis irgendwann ein Bus herbeizockelte. Häufig kam eine halbe Stunde gar keiner – und dann gleich zwei direkt hintereinander. Wo blieb der Ärger? Es gab keinen! Denn sowohl an der Haltestelle wie auch im Bus traf man Bekannte und Unbekannte und fing miteinander interessante Gespräche an. Freilich musste man für seine Wege einen größeren zeitlichen Rahmen einkalkulieren … Solche Zustände wünschen wir uns hierzulande eher nicht. Aber dieses Beispiel zeigt, wie angenehm es sein kann, jeden Augenblick in voller Präsenz auszukosten.

Wunschdenken trotz erfolgter Trennung

Bisweilen sind wir hoffnungslos und einseitig an einen Menschen gebunden. Im Extremfall hat dieser Mensch uns sogar deutlich gemacht, dass unsere innigsten Liebesbekundungen ... gerade gut genug für sein Kaminfeuer sind. Er hat uns zurückgelassen. Mitten in Schutt und Asche. Vielleicht zeigt die andere Person aber auch schwankende Gefühle, überhäuft uns an einem Tag mit Liebe und am nächsten Tag schlägt sie um sich. Dennoch sinnieren wir pausenlos darüber, was wir noch alles tun könnten, um sie umzustimmen!

Die innere Bedrängnis und der emotionale Schmerz sind dann jeweils kaum zu überbieten. Immer wieder tauchen Gedanken an den anderen Menschen auf: zärtliche Gedanken, Sehnsucht – dann wieder das drängende Bedürfnis, den Anderen zu vergessen. Wir leben in einem Spannungsfeld der Zerrissenheit. Nur, wie soll oder kann es weitergehen?

Auswege

Der erste Schritt besteht darin, die innere Situation als die eigene Wirklichkeit anzunehmen. Wir haben uns selbst hier hineinmanövriert – und finden daher auch selbst einen Ausweg. Hilfreich dafür ist Zeit zum Reflektieren, zum Beispiel bei Spaziergängen in der Natur. Oder ein Wiedersehen mit Jugendfreunden. Vielleicht wandelt man auch wieder auf den Pfaden lange vernachlässigter Hobbys, um sich selbst erneut darin zu finden.

Sehr empfehlenswert ist, sich tief zu entspannen: in der Stille und in der wohligen Wärme einer Badewanne oder Sauna.

Falls weiterhin Schmerz im Herzen spürbar ist, so entlastet es manchmal, sich klarzumachen: Es sind starke Kräfte, die in solch einer Lage in uns wirken. Wir können einen Wert darin erkennen, den Schmerz zu spüren – obgleich er sich unangenehm anfühlt. Ist man imstande, sich mit den eigenen Gefühlen zu beschäftigen, so kann man sich dem Schmerz auch mal mit bewusster Aufmerksamkeit zuwenden:

Einem Forscher gleich kann ich den Schmerz betrachten – jenseits von Wertungen wie „gefällt mir" oder „gefällt mir nicht". Ich nehme wahr, wie intensiv der Schmerz tatsächlich ist, wie er entsteht und wieder vergeht. Ich spüre der Kraft nach, die in mir wirkt.

Nach einer Weile wende ich mich wieder anderen Empfindungen zu. Sind die Füße warm oder kalt? Wie fühlt sich der Körperkontakt mit dem Boden oder mit der Sitzfläche an? An welcher Stelle meines Körpers möchte ich dem Atemstrom nachspüren: in den Nasenflügeln, im Brustkorb, im Bauch?

Wenn du behutsamer mit dir selbst umgehen möchtest, kannst du zunächst deine Entspannung weiter vertiefen. Sobald du sicher bist, dass es dir besser geht, kannst du dich den schmerzlichen Gefühlen bewusst zuwenden – und sie dann von dir ziehen lassen, etwa mit der Vorstellung, dass sie sich mit der Leichtigkeit von Federwolken im Himmel auflösen.

Die folgende Meditation hilft beim Loslassen, wenn Verletzungen stattgefunden haben und wir ständig an die Person denken, die sie uns zugefügt hat. Die Übung kann entlasten und eine deutliche Distanz zu dem unangenehmen Erlebnis entstehen lassen. Wir erfahren, wie sich eine Verbindung allmählich unbedeutender anfühlt. Erlittene Verletzungen werden weniger wichtig. Darüber schwindet der Wunsch, den Anderen beeinflussen oder gar verändern zu wollen.

Ich mache es mir bequem und stelle mir vor, wie über den unglücklich geliebten Menschen und mich ein Film gezeigt wird. Gleich wird eine belastende Situation vorgeführt, die ich in Wirklichkeit erlebt habe. Dafür wähle ich aus, was genau ich sehen möchte.

Mich selbst sehe ich von außen, als Schauspieler im Film. Dafür stelle ich mir möglichst viele Einzelheiten vor: Wo findet die Szene statt? Steht die Sonne hoch am Himmel oder ist es schon Abend? Welche Kleidung tragen die Beteiligten? Welche Gesten und Blicke sind zu beobachten? Welche Worte sind zu hören?

Zunächst spielt sich die Szene auf einer großen Kinoleinwand ab. Dann verkleinere ich die Projektionsfläche immer mehr.

Am Ende läuft der Film nur noch im kleinformatigen Schwarzweiß in einem winzigen, alten Fernseher.

Der Film läuft noch einmal. Während er auf dem kleinen Bildschirm läuft, sehe ich nun auch alles andere, was sich sonst noch im Zimmer befindet.

Danach schaue ich mir selbst dabei zu, wie ich von meinem Platz aufstehe und den Fernseher ausschalte.

Dadurch kann ich die Szene leichter aus meiner Aufmerksamkeit entlassen.

Idealisierung der Liebe: Wunschdenken und Wirklichkeit

Das Thema Liebe ist allgegenwärtig, zumindest aus dem Blickwinkel der Erotik und Romantik betrachtet. Fast alle Werbespots bedienen sich ihres Charmes – im Dienste ihrer jeweiligen Zwecke. Ist die Romantik gar das letzte magische Überbleibsel in einer zunehmend nüchternen Welt?

Mag unser Leben noch so unbedeutend erscheinen: In der Liebe sehnen wir uns regelmäßig nach einem *Happy End* in den Dimensionen eines Hollywood-Films. Bei unseren heißersehnten Verabredungen ist auch mit einkalkuliert, dass bestimmt jemand fotografieren wird: Jedes öffentliche Auftreten mit der auserwählten Person soll schließlich ein gutes Bild abgeben. Und überhaupt: Das Drehbuch muss einfach stimmen! Idealisierung und Zurschaustellung der Liebe haben in der westlichen Welt exorbitante Ausmaße angenommen.

Nach dem weitverbreiteten Rückzug aus den traditionellen Religionen, nach der Enttäuschung, trotz sozialer Bewegungen die Ungerechtigkeiten in der Welt nicht lösen zu können, nach der Globalisierung, die uns als Arbeitskräfte prinzipiell für jeden Ort dieser Welt verfügbar halten will, nach all dem Materialismus ... ist häufig nur eines geblieben: Die Sehnsucht nach einem verlässlichen Partner als ständigem Halt im Leben. Unbändig ist der Wunsch nach einer Person, die durch dick und dünn zu uns hält und es obendrein fertigbringt, das Feuer der Leidenschaft beständig in uns lodern zu lassen.

Die Film- und Werbebranche versteht es glänzend, diesen Wunsch nach einem nahezu perfekten Partner anzufachen. In uns soll das Gefühl bestärkt werden, es sei durchaus möglich, einen Partner à la carte auszuwählen. Vorausgesetzt, wir rüsten uns als Mann mit einer gehörigen Portion Macht und Geld aus, und sind als Frau vor allem anderen – immer noch – mit makelloser Schönheit gesegnet.

Verharren wir gefangen in solch einer Scheinwelt, so sind wir nicht tatsächlich an der Lebenswirklichkeit des Anderen interessiert. Wir möchten, dass er sich weitgehend nach unserem Gusto ausrichtet und verhält, nehmen allerdings an seinen inneren Handlungsmotiven kaum Anteil.

Jedoch ist die Bereitschaft, sich auf einen anderen Menschen mit all seinen Facetten einzulassen, die entscheidende Qualität, um eine Beziehung lebendig zu halten.

Was beinhaltet diese Bereitschaft? Den Anderen wahrzunehmen, wie er seine Stärken lebt, manchmal aber auch verzweifelt wirkt. Zu sehen, mit welcher Art von Humor der Andere auf Rückschläge im Leben reagiert, wie er mit sich ringt und zuweilen spannende Ideen hervorbringt. Was daraus werden kann? Gemeinsam kreativ sein, sich necken wie Kinder, über dieselben Dinge lachen ... Umeinander wissen, um jeweilige Stärken und Schwächen, sich gegenseitig unterstützen, und einfach liebevoll beieinander sein, wenn sich Schwächen zeigen. Kurz: Auf solcher Grundlage in die gegenseitige Verantwortung gehen und nach Möglichkeit etwas gemeinsam aufbauen: eine Familie, ein soziales Projekt, eine Vision ...

Alle bedeutenden Psychologen der heutigen Zeit weisen darauf hin, dass eine Liebe, die sich in tiefem Kontakt zueinander entwickelt, als viel erfüllender erlebt werden kann als ein verklärtes, unrealistisches Bezogensein auf ein Abziehbild, das man sich im eigenen Kopf erschafft. Sensibler Austausch trägt zur ständigen Verfeinerung der eigenen Wahrnehmung des Anderen bei. Zugewandte, offene Fragen, die eine Vielfalt an Antworten ermöglichen, helfen dabei, sich innerlich näherzukommen. Gerade so können auch Unterschiedlichkeiten immer mehr im Sinne einer wechselseitigen Ergänzung erlebt werden.

Gesunde Präsenz hindert keineswegs das Träumen und Wünschen. Wünsche dir alles, was deiner Entfaltung dienlich ist. In einem zweiten Schritt kannst du dir Ziele stellen, die in absehbarer Zeit in Erfüllung gehen können. Vertraue auf dich und deine Fähigkeiten, glaube an deine Träume und Ziele!

Ist es gerade ein Wunsch von dir, bald einen lieben, zu dir passenden Partner an deiner Seite zu wissen? Falls dies der Fall ist und du dich schon bereit fühlst: Wäre nicht schon sehr viel gewonnen, wenn bereits morgen ein kleinerer Wunsch in Erfüllung ginge? Zum Beispiel ein Treffen zum Kaffee mit einem lieben Menschen, der dir ausführlich von seiner harmonischen Beziehung erzählt. Lässt du dich davon hoffnungsfroh berühren, so stellt sich dein Unbewusstes darauf ein, dass auch du jemand Passendes findest. Du wirst eher in der Lage sein, dich zu öffnen. Ein wichtiger Schritt, um Chancen des Lebens tatsächlich wahrnehmen zu können.

Haben wir uns vom **Wunschdenken**-Gesicht gelöst, bleibt uns Kreativität erhalten, die impulsgebend wirken kann. Dank schöpferischer Fantasie und einer romantischen Ader können wir Beiträge zu den schönen Künsten oder zu gesellschaftlichen Neuerungen leisten.

Der Brasilianer Hélder Pessoa Câmara formulierte: „Wenn einer allein träumt, ist es nur ein Traum. Wenn viele gemeinsam träumen, ist das der Anfang einer neuen Wirklichkeit." Treffender lässt sich der Funke hin zu gemeinschaftlichem Engagement kaum beschreiben.

Wagen wir die konkrete Umsetzung unserer Einfälle, so kommen wir von der Illusion in die Präsenz.

7. Das Selbstverleugnungs-Gesicht

Auffallend lange hält sich **Selbstverleugnung** zurück: Zunächst bleibt sie lieber in Deckung und beobachtet aus der Ferne das Treiben ihrer Freunde **Naivität** und **Wunschdenken**. Kommt sie irgendwann zur Überzeugung, die Gelegenheit sei nun günstig, um ein Opfer zu befallen, so leuchtet sie immer beindruckender auf und setzt ihren betörenden Duft ein, um diesen Menschen anzulocken. Ihr Ziel ist klar definiert: **Selbstverleugnung** will sich ihr Opfer gefügig und auf immer und ewig untertan machen.

Dazu flüstert **Selbstverleugnung** dem Opfer kontinuierlich ein, es sei einzig und allein wichtig, die geliebte Person könne ihre Talente ausleben und auf diesem Weg zur Selbstverwirklichung gelangen. Gegebenfalls wären auch noch eigene Kinder dazu berechtigt.

Ihr Opfer lässt **Selbstverleugnung** zur emotionalen Marionette mutieren. **Selbstverleugnung** motiviert zu ständiger Unterordnung, ja, zur völligen Selbstaufgabe für den geliebten Menschen. In den Worten des spanischen Sängers Camilo Sesto klingt das so: „Alles, was du willst, werde ich tun"; und rückblickend: „Ich liebte dich bis zur Sklaverei". Dass die eigene

Persönlichkeit angesichts solcher Erniedrigung an Strahlkraft verliert, versteht sich von selbst.

Bisweilen werden sogar eigene Talente unterdrückt, um dem Partner das Gefühl zu ersparen, jemand Erfolgreicheres als sich selbst an seiner Seite zu wissen. Manch eine Studentin absolviert aus diesem Grund einen Abschluss unterhalb der eigenen Möglichkeiten, manch ein Ehepartner zeigt sich in Gesellschaft weniger gebildet als er ist, damit die Unzulänglichkeiten des Anderen weniger auffallen.

Selbstverleugnung und **Strategie** arbeiten gerne kollegial zusammen. Üben das **Selbstverleugnungs-** und das **Strategie-Gesicht der Pseudoverliebtheit** (siehe drittes Kapitel) ihre zweifelhafte Kunst gleichzeitig und fein aufeinander abgestimmt zu Lasten verschiedener Opfer aus, so führt dies manchmal sogar zu einer lebenslangen Partnerschaft, auf die dann beide Gesichter mächtig stolz sind. Lässt sich damit doch trefflich unter Beweis stellen, dass zuweilen auch eine sich selbst verleugnende Verliebtheit durch eine Eheschließung gekrönt wird und Strategien in der Liebe dann und wann eben doch erfolgreich sein können.

Während des auf solche Art zustande gekommenen Ehelebens besteht die Aufgabe des **Strategie-Gesichts der Pseudoverliebtheit** darin, die Lebenssituation des Paares drastisch zu verzerren. Unbedingt muss dabei der Eindruck aufrechterhalten werden, alle persönlichen Bedürfnisse des **Selbstverleugnungs-**Opfers würden zu einem späteren Zeitpunkt schon noch beachtet und mit Sicherheit angemessen erfüllt: Nach Beendigung des Studiums des Partners. Nach dem Umzug in eine andere Stadt. Wenn die Kinder groß sind. Auf alle Fälle gleich nach der Pensionierung. Später eben. Nur nicht jetzt.

Allerdings: Unterläuft einem dieser beiden Gesichter während des solcherart funktionierenden Ehelebens auch nur ein einziger Kunstfehler, so fliegt der ganze Schwindel auf: Das „später einmal" wird niemals eintreten! Schlimmstenfalls treibt eine solche Enthüllung den von **Selbstverleugnung** Besessenen in völlige Verzweiflung. Das Opfer der **Strategie** jedoch bleibt seinem Dämon meist nicht nur weiterhin treu, sondern ist bereit, sich nach kurzer Erholungszeit wieder in einen anderen Menschen pseudozuverlieben.

    Selbstverleugnung und das **Strategie-Gesicht der Pseudoverliebtheit** sind sogar beste Freunde, und wenn ihre jeweiligen Opfer miteinander Stress haben, bedeutet dies stets einen entspannten Freudentag für die beiden. Dabei wissen sie genau: **Strategie** ist eindeutig geschickter, wenn es darum geht, ausgeklügelte Pläne zu entwerfen und durchzuführen. **Selbstverleugnung** wiederum hält sich für eine Alchemistin des Selbstwertgefühls und glaubt sich im Besitz des Stoffes, aus dem sogar Märtyrer gemacht werden können.

Dabei ist dem **Selbstverleugnungs**-Gesicht die Verteilung nach Geschlechtern vollkommen gleichgültig. Hauptsache, seine Bemühungen tragen reichlich Frucht: sei es, indem genügend Befallene davon träumen, gefühlter Untertan oder persönlicher Gönner der jeweils geliebten Person zu sein, oder indem sie es auf diesem Weg bereits geworden sind.

ABER – da kommen wir ja gerade noch einmal heil davon, wenn wir auch dieses Gesicht von Nahem betrachten.

Wunder der Entfaltung

Eigentlich ist inzwischen doch allen klar: „Selbstlosigkeit", die aus vermeintlicher Liebe die eigene Person für eine andere aufgibt, ist kein Grund, stolz zu sein. Viel Leid steckt in diesem Muster. Und dennoch kommen wir Menschen häufig nicht davon los!

Welche ist denn die Nahrung der **Selbstverleugnung**? Das **Selbstverleugnungs**-Gesicht ernährt sich vom menschlichen Anspruch, seinen Nächsten einiges mehr an Aufmerksamkeit entgegenzubringen als der eigenen Person.

Während sich **Selbstverleugnung** an dieser problematischen Eigenschaft labt, schlägt sie uns mit Blindheit für jegliche Eigenwahrnehmung und Selbstfürsorge. Auch das Selbstbewusstsein wird dabei massiv angegriffen oder kann sich erst gar nicht gesund entwickeln.

Betrachten wir das Gesicht nun einmal von Nahem. Jetzt kommen alle versteckten Qualitäten in ihrer vollen Pracht zum Erblühen!

Wir dürfen den Blick einmal ganz auf uns selbst richten und uns zentrieren. Gerade in demjenigen Bereich, in welchem wir meinen, ganz von der Gunst eines anderen Menschen abhängig zu sein. Schauen wir uns an, welch feine Unterschiede und Veränderungen wir erfahren, wenn wir uns verlieben, wenn wir jemanden sehr lieben, wenn wir uns vielleicht sogar in diesem Menschen verlieren …

Wie empfinde ich mich eigentlich selbst im Zustand des Verliebtseins, wie nehme ich mich wahr? Durchströmen mich angenehme Energien, fließen sie aus meinem Herzen und dorthin zurück? Oder fange ich vielleicht an zu stammeln, wenn ich der geliebten Person begegne?
Vielleicht fühle ich mich in deren Nähe frei, beflügelt und an einem bitterkalten Wintertag plötzlich wie in angenehm wärmendes Sonnenlicht getaucht …

Spüren wir in uns selbst hinein: Wir entwickeln damit unsere Eigenwahrnehmung über einen längeren Zeitraum – eine Zeit, in der sich vieles ändern kann. Solch eine Innenschau kann erfrischen, sodass wir uns selbst und das Leben um uns herum reicher erfahren.

Umgang mit der Faszination des Du

Welche Art von Energie, welche Charakterzüge faszinieren mich eigentlich besonders am Anderen?
Ich frage mich, was dieses Faszinosum ausmacht: Ist es vordergründig eine körperliche Ausstrahlung, die mich am Anderen bezaubert? Vielleicht die Art, sich zu bewegen? Die von mir erkannten Charakter- und Wesenszüge? Unbändige Fröhlichkeit? Seine Hilflosigkeit, die mich

motiviert, ihm beistehen zu wollen? Oder die Ruhe und Würde in seiner Ausstrahlung? Mitfühlendes Verständnis, Sanftmut? Die wohlige Nähe, die dieser Mensch entstehen lässt? Bezauberndes Charisma? Offenheit und Spontaneität, die mitreißen? ...

Bis zu einem gewissen Grade wird es dir möglich sein, die Faszination des Du in Worte zu fassen. Wahrscheinlich wirst du jedoch nicht alle Gründe deiner Zuneigung aufzählen können. Vieles wird auch ein Rätsel bleiben, und das ist gut so! Als nächstes jedoch kannst du dir überlegen:

Bin ich weitgehend anders gestrickt als dieser Mensch? Oder treffen viele seiner Eigenschaften auch auf mich zu?

Häufig wirkt es sehr attraktiv, wenn das Gegenüber in grundlegenden Fragen Ähnlichkeiten zu einem selbst hat, aber dazu noch andere, faszinierende Fähigkeiten besitzt oder sich menschlich auf eine Weise zeigt, die bezaubert. Vielleicht hat diese Person etwas entwickelt, das einem neuartig und spannend erscheint. Wovon man vielleicht auch gerne ein klein wenig verwirklichen würde?

Daraus können sich ganz unterschiedliche Arten von Geschichten entwickeln:

Stella war stets „hin und weg" zu erleben, wie weitherzig, großzügig und fröhlich Stephan war. Ohne sich in den Mittelpunkt zu drängen, trug er immer wieder dazu bei, dass eine Runde nett wurde und etwas Konstruktives daraus entstand: die gemeinsame Organisation eines Festes, ein Ausflug, ein gemeinschaftliches Engagement für eine gute Sache. Stella begann damit, einfach etwas weniger an sich zu denken. Sie bemerkte, dass wenn sie anderen gegenüber entgegenkommender war, sie einfach besser in Fluss kam und häufiger an interessanten Aktivitäten teilhaben konnte. Ihre Verliebtheit war zwar unglücklich, aber letztlich blieb sie Stephan immer dankbar, ihn getroffen zu haben.

Ernesto war bei Steffi fasziniert von ihrer Unbekümmertheit und ihrem Humor. Also entschied er sich, in seinem Leben keine Gelegenheit mehr auszulassen, der Fröhlichkeit nachzugeben. Eines Tages ging er in eine Kabarett-Vorstellung über sein Hobby: das Segeln. Er empfand diesen Abend als so anregend, dass er sich nun selbst Witze ausdachte und diese seinen Freunden zu schicken begann. Nach einiger Zeit traf er Steffi wieder. Es war offensichtlich: Er war viel humorvoller geworden – und das bereitete ihm, Steffi und all seinen weiteren Freunden großes Vergnügen.

Olivers großer Schwarm war die Cellistin Sabrina. Oliver meinte, einigermaßen unmusikalisch zu sein. Er entschied sich, jetzt nicht krampfhaft und in Windeseile gleichfalls ein Instrument lernen zu müssen. Doch er beschäftigte sich verstärkt damit, was Musik eigentlich für ihn ausdrückt. Er hörte viel mehr Musik und tanzte dazu, mit anderen oder auch einfach für sich selbst. Er besuchte und genoss Konzerte, nahm Melodien ganz in sich auf und schwang innerlich mit, als sei diese wunderbare Musik geradewegs aus ihm entsprungen. Durch diese zutiefst bewegenden Erfahrungen wurde er – ohne selbst Musiker zu sein – zu einem interessanten Gesprächspartner für aktiv Musizierende.

Der italienisch-kolumbianische Psychotherapeut Walter Riso berichtet von einem Medizinstudentenpaar, bei dem sie im Studium wesentlich bessere Ergebnisse erzielte als ihr Freund. Als er mit der Zeit an seinen Misserfolgen geradezu verzweifelte, reagierte sie damit, ihre eigenen Noten bewusst zu verschlechtern, „um sich mit ihm zu solidarisieren". Absichtlich beantwortete sie nicht alle Fragen in den Prüfungen, damit er weniger Grund habe, sich unwohl zu fühlen. Erst eine Therapie brachte beide dazu, ihr Verhalten zu ändern: Sie legte ihre Scheu ab, sich als die gute Studentin zu zeigen, die in ihr steckte. Denn sie erkannte, dass es nicht sinnvoll ist, sich im Versagen anzugleichen. So blühte sie in ihren Fähigkeiten wieder auf. Er wiederum entdeckte, dass seine eigentliche Berufung in einem anderen Studienfach lag. Er wechselte und hatte von Beginn an den Erfolg, der ihm bei der Medizin verwehrt geblieben war.[9]

Bei Verliebtheit faszinieren uns häufig Eigenschaften und Fähigkeiten des Gegenübers, die in uns selbst latent vorhanden sind. Wie diese Geschichten gezeigt haben, gibt es verschiedene Arten, mit solch einer Begeisterung umzugehen. Du kannst dich einfach darüber freuen, was der menschliche Geist an Eindrucksvollem hervorbringt. Wenn du willst, so entscheidest du dich, den Weg zu gehen, der dir im Anderen so bemerkenswert erscheint. Oder du versuchst, weitere Menschen zu treffen, die einen ähnlichen Charakter oder entsprechende Fähigkeiten haben. Du kannst dich genauso gut aber auch zurücklehnen, falls deine derzeitigen Entwicklungsziele ganz andere sein sollten. Und von deiner Warte aus trittst du nun in Kontakt, ins Spiel der gegenseitigen Inspiration …

Es kann auch vorrangig der Gleichklang mit dir selbst sein, der dich zu jemandem hinzieht. Das passiert besonders häufig dann, wenn du zum Beispiel nicht in deinem Ursprungsland lebst und plötzlich jemanden aus deiner Heimat kennenlernst, der sich ähnlich verhält wie du selbst. So vieles am Anderen kommt dir nun vertraut vor! Wenn diese Liebe jedoch unglücklich ist, so fixiere dich nach Möglichkeit nicht länger auf diesen einen Menschen. Vielleicht kannst du ja weitere Personen finden, die dir kulturell und charakterlich entsprechen? Falls sie dir nicht von selbst über den Weg laufen: Suche aktiv nach ihnen!

[9] Walter Riso, *„Manual para no morir de amor"*, Kolumbien 2010, S. 51 f. Dieses Buch lag zur Zeit der Drucklegung von *„Liebe oder Illusion?"* noch nicht in deutscher Übersetzung vor.

Und plötzlich begegnet dir dieses gelöste Lächeln beim Spielen der Gitarre, das du schon monatelang vermisst hattest. Oder ein Mensch, der stundenlang exotische Gerichte kocht? All dies gibt es zum Glück nicht nur ein einziges Mal auf der Welt!

Wenn du jemanden bewunderst, versuche zu erspüren, ob du dieser Person wirklich aus freien Stücken ähnlich werden möchtest.

Hin und wieder liebt man Wesenszüge ja vor allem in Zusammenhang mit ganz bestimmten Menschen, von denen sie einfach nicht mehr wegzudenken sind. In diesem Fall kann man sich für sie an solch bemerkenswerten Eigenschaften erfreuen!

Horche in dich hinein, ob Eigenschaften, die dich so sehr faszinieren, auch zu deiner Wesensart und zu deinen persönlichen Zielen passen!

Beobachte neugierig, was du bei Begegnungen mit der Person deiner Träume empfindest. Gestatte dir, dich frei und ungezwungen zu verhalten. Wenn du dich authentisch verhältst, wird sich zeigen, ob die Basis für etwas Gemeinschaftliches gegeben ist. Vergiss nie, für dein persönliches Wohlergehen zu sorgen: Verstärke fröhliche Gedanken, bei denen du dich allem Leben gegenüber öffnest. Auf diese Weise wirst du jegliche Opferrolle bald hinter dir lassen. Du findest Vergnügen darin, dein Leben aktiv zu gestalten.

Vollkommen unabhängig davon, ob ich groß oder klein bin, pummelig oder gertenschlank, jobsuchend, Zahnarzt, Studentin, Briefträger – oder was auch immer: Ich bin sehr wertvoll, weil ich ein Mensch mit all dem Potenzial bin, das jeder von uns in sich trägt. Ein Kind des Universums bin ich oder auch Gottes geliebte Kreatur – wie immer ich es nennen möchte.

Vertraue ich darauf, so kann ich locker und leicht all das entfalten, was mir wirklich wichtig ist. Jeglichen inneren Druck lasse ich dabei immer weiter hinter mir.

Es kann auch geschehen, dass man sich verliebt, nur weil man glaubt, das Gegenüber brauche dringend Hilfe. Falls das bei dir der Fall ist und nicht zum Glück führt, so wird es höchste Zeit, verstärkt auf dich selbst zu schauen: Was wünscht *dein* Herz? Und: Kommt wirkliche Liebe zwischen euch zum Schwingen? Freut sich der Andere aufrichtig, wenn du etwas für ihn tust – oder geht es dabei eher um dein liebgewonnenes „Helfersyndrom", das gelebt werden will?

Schau mit Offenheit auf diejenigen Menschen, die ihrerseits Freundschaft zu dir suchen. Du wirst erstaunt sein, welche Schätze sie in sich bergen. Schätze, die oft erst nach und nach zum Vorschein kommen. Und dasselbe kann auch in dir selbst geschehen!

Selbstentfaltung – eigene Bedürfnisse achten

Freizeitbeschäftigungen, die das Gefühlsleben einbeziehen (Malen, Musizieren, Musik hören, Lyrik oder Prosa Schreiben, Lesen, Schwimmen, Gärtnern …) helfen, negative Empfindungen umzuwandeln und nach einer Enttäuschung in der Liebe positiv gestimmt zu sich selbst zurückzufinden. Gönnen wir uns darum das Schürfen nach Schätzen in uns und für uns. Solche Schätze können wir jedoch auch heben, falls wir kaum Zeit für künstlerische Hobbys haben. Denn der Schlüssel zur Selbstentfaltung ist letztlich, zu unserer einmaligen, individuellen Wahrnehmung der Realität zu stehen. Aus solch einer Grundhaltung heraus entwickelt sich Kreatives wie von selbst, und wir können andere daran teilhaben lassen.

Bei einer Trennung nach langjährigem Zusammenleben kann eine Schwierigkeit auftauchen, die uns Steine in den Weg zur Selbstentfaltung legt: das Gefühl, der Andere käme ohne unsere Hilfe nicht mehr zurecht und brauche daher die Beziehung, selbst wenn er uns andauernd verletzt.

Wenn man in einer Beziehung fast nur noch mit Machtausübung und Unterdrückungsmanövern seitens des Partners konfrontiert wird, kann aus gesunder Selbstachtung die Kraft erwachsen, sich für eine Trennung zu entscheiden. Wir versuchen dann nicht mehr unverdrossen, im übergriffigen Partner in erster Linie den liebevollen Menschen zu sehen, der nur noch alle paar Monate aus ihm hervorzutreten pflegt.

Bedingungslose Liebe zu geben und Menschen zu helfen, ist etwas Wunderbares. Lässt man die Hilfe jedoch jemandem zukommen, der sie einfach nur kaltblütig für eigene Zwecke ausnutzt, so sollte man Grenzen setzen, damit aus der Liebe tatsächlich Gutes entstehen kann. Ansonsten passiert es nur allzu leicht, dass der geliebte Günstling wichtige Lebensbereiche, die eigentlich in seiner persönlichen Verantwortung stehen, zunehmend auf andere abwälzt.

Sich für einen anderen Menschen aufzuopfern, bedeutet auch, ihn in der Rolle des Unselbstständigen zu belassen! Im Falle der Trennung zeigt sich oft, dass der Andere viel besser zurechtkommt, als zuvor gedacht. Bei der Loslösung kann man ihn ja, wenn nötig, in bestimmten Bereichen noch für eine Weile unterstützen, ohne sich selbst einer schädlichen Bindung auszusetzen.

Das Muster, viel für andere zu tun und kaum etwas für sich selbst, ist bei vielen von uns seit Kindertagen tief verankert, oft über Generationen hinweg. Monika Baur schildert in ihrem Roman „*Kaktusfrucht*"[10], wie ein griechisches Kind als einziges Mädchen in ihrer siebenköpfigen Familie von klein auf als Dienstmädchen missbraucht wird. Später gründet die inzwischen herangewachsene Frau selbst eine Familie. Weiterhin scheint es ihre große Lebensaufgabe zu sein, sich unermüdlich für andere einzusetzen. Gleichzeitig aber erfüllt ihre Aufopferung sie mit Groll und Hass.

Solch ein extremes Schicksal heilt meist nicht in einer einzigen Generation aus. Die leidbringenden Muster werden an die nächsten Generationen weitergegeben – solange, bis sich jemand entschließt, das eigene Verhalten ehrlich zu betrachten. Und dieser Mensch erkennt: Um einen neuen Selbstumgang zu entwickeln, ist es hilfreich, all das, was wir bereit wären, für andere zu gestalten, auch für uns selbst zu tun. So kann man beispielsweise herausragende Kochkünste auch gern auf die Zubereitung der selbst einzunehmenden Mahlzeiten anwenden.

Wenn wir uns selbst finden, unsere Werte verwirklichen und uns selbst einfach gern haben, begegnen wir eher Menschen, mit denen sich beglückende Begegnungen auf Augenhöhe ergeben. Die Barriere zwischen dem Ich und dem Du wird durchlässiger. Auf genau diesem Weg treten wir stärker in Beziehung zu anderen und sorgen dabei gleichzeitig besser für uns selbst. Wo immer wir es mit anderen Menschen zu tun haben, können wir etwas sehr wesentliches üben: die Bedürfnisse anderer und unsere eigenen gleichzeitig im Blick zu behalten. Sind wir allein, so können wir üben, auch bei Vielbeschäftigung angemessen mit uns selbst umzugehen. Ein aussichtsreicher Weg der Entfaltung ist: Jede Herausforderung des Lebens dafür zu nutzen, an uns selbst zu arbeiten. Unser Charakter formt sich dadurch wie von selbst.

[10] Monika Baur „*Kaktusfrucht*", München 2014

Lässt man **Selbstverleugnung** hinter sich, kann das Leben ungeahnte neue Kräfte entfalten.

So erging es Karl, der früher stets für alle anderen da war, ihnen half, wo er nur konnte, und dabei kaum an sich selbst dachte. Erst ein Bandscheibenvorfall und die Rekonvaleszenzzeit danach brachten ihn zur Besinnung: Er hörte auf, nur das zu tun, was vermutlich von ihm erwartet wurde, und folgte von Stund an mehr seinen eigenen Impulsen. So hat er mehr Kontur gewonnen, was ihn auch für seine langjährige Partnerin attraktiver erscheinen ließ.

Als positive Errungenschaft aus der Zeit der **Selbstverleugnung** ist ihm die Leichtigkeit geblieben, im menschlichen Miteinander nicht im Mittelpunkt stehen zu müssen.

Oft stellt sich erst viel später heraus, wofür eine schmerzhafte Erfahrung gut war.

8. Das Heldentums-Gesicht

Heldentum appelliert unentwegt an den Stolz seiner Opfer. Hat dieses illusionäre Gesicht jemanden erst einmal befallen, so flößt es ihm mit List immer wieder ein, er sei wahrlich großartig! Liebt man doch stark und innig, obgleich die eigene Liebe nicht ebenbürtig erwidert wird. Solche Menschen müssen etwas ganz Besonderes sein, oder!? Wäre man sonst – vor lauter Liebe – nicht auch bereit, bis zum Äußersten zu gehen und für den geliebten Menschen sogar willens zu sterben? Riskierte man im Falle eines Brandes nicht (ohne mit der Wimper zu zucken) das eigene Leben, um den Wunschpartner den Flammen zu entreißen? Na also!

Der von **Heldentum** Berauschte – nennen wir ihn einfach „Held" – möchte ein besonders guter Verehrer, Freund oder Partner sein. Dabei denkt unser Held streng innerhalb eigener Spielregeln. Unbewusst geht er davon aus, diese Regeln müssten auch für seine Liebsten und überhaupt für alle Menschen Geltung besitzen. In seiner abgehobenen Denkart gefangen, nimmt er andere Menschen und Beziehungsmuster kaum noch in den Fokus, sondern bleibt stets fixiert auf eigene Ideen und Vorstellungen. Der Held ist mit seinen Anschauungen so fest verwachsen wie eine Muschel mit ihrem Gehäuse. In diesem Panzer fühlt er sich sogar recht gut geschützt! Die Ideen und Ansätze des Helden können durchaus unterstützenswert sein, das Problem dabei ist nur: Eingebildetes **Heldentum** erschwert massiv den Herzenskontakt zum Partner, zur Familie und zu Freunden.

Derart eingebildetes **Heldentum** wurde bereits im beginnenden 17. Jahrhundert aufs Allerfeinste parodiert. Zu jener Zeit entstand in Spanien ein literarisches Werk, das die fatalen Folgen solchen **Heldentums** aufs Korn nimmt. Gleichzeitig kritisiert dieses Werk die damalige spanische Gesellschaft, die durch rigide Machtstrukturen gekennzeichnet war. Der Protagonist dieses Romans meint, ein großartiger Held sein zu müssen und interpretiert fortan selbst Alltagsbegebenheiten nur noch im Sinne seiner Ritterwelt!

Richtig – ich spreche von *Don Quijote de la Mancha*, geschrieben von Miguel de Cervantes. Die Hauptfigur, ein Landadeliger, hatte über viele Jahre hinweg Unmengen an Ritterromanen gelesen – und die darin geschilderten Begebenheiten für absolut wahr gehalten. So beschließt er eines Tages, aus seiner Sicht folgerichtig, nun auch als edler Ritter durch ganz Spanien zu ziehen. Don Quijote will Unrecht bekämpfen, die Armen verteidigen, sich Ruhm und Ehre verdienen und vor allem: die Liebe eines bestimmten Mädchens gewinnen!

Die unglaublichsten Abenteuer fordern Quijote als Held heraus und machen aus ihm den berühmten „Ritter von der traurigen Gestalt": Windmühlen hält Quijote für Riesen, welche pflichtbewusst bekämpft werden müssen. Staubumwölkte Hammelherden stellen für ihn mächtige Heere dar. Dem Bauernmädchen, das Don Quijote früher einmal heimlich verehrt hatte, verleiht er den wohlklingenden Adelsnamen Dulcinea del Toboso und widmet ihr im Geiste seine sämtlichen Abenteuer, um ihr Herz zu erobern.

Bei all seinem Eifer entging Don Quijote jedoch eines völlig: die glorreiche Zeit der Ritter war auch in Spanien schon seit Generationen vorbei!

Bei der Liebe spielt eingebildetes **Heldentum** immer dann mit hinein, wenn wir uns, statt im tatsächlichen Augenblick zu leben, ausschließlich an festen Vorstellungen davon ausrichten, wie etwas zu sein hätte. Dann verwenden wir unsere gesamte Energie darauf, solche Überzeugungen auf dem schnellsten Wege zu verwirklichen. Auf diese Weise geht der Kontakt zum lebendigen Gegenüber allzu leicht verloren – und Windmühlen werden zu Riesen! So fühlt sich mancher Held, manche Heldin, beispielsweise in der Rolle des Hauptdarstellers eines Liebesfilmes, anstatt sich tief mit dem Anderen zu verbinden.

In der Selbstwahrnehmung des Helden macht sich das Gefühl breit, ein hervorragender Partner zu sein. So gut meint er es ja mit all seinen Ideen für die anderen – ist aber selbst wie geblendet von dem Wunsch nach einem Nimbus.

Selbstverständlich überkommt den eingebildeten Helden leicht das Gefühl, er sei eindeutig der „Bessere" innerhalb seiner Partnerschaft. Und er merkt gar nicht, wie er sich in den Versuch hineinsteigert, den Anderen ins eigene Wertesystem einzugemeinden, anstatt sich in Offenheit und Toleranz für ihn zu interessieren.

Wie auf den Leib geschneidert ist dem Helden natürlich die Rolle des persönlichen Retters. Einmal übernommen, wird an dieser Mission eisern festgehalten – selbst wenn der Partner klarmacht, dass er auf jegliche Erlösung verzichten kann. Währenddessen geht das vielfältige Leben am Helden vorbei.

Nun ... Wie sieht eingebildetes **Heldentum** denn wirklich aus – mal aus der Nähe betrachtet?

Herzensöffnung und Drachenkraft

Eingebildetes **Heldentum** lässt nicht mit sich spaßen. Dieses illusionäre Gesicht der Liebe ernährt sich von unserer Fixiertheit auf Konzepte. Ins Herz seiner Opfer pflanzt **Heldentum** dabei die Täuschung, bei einer Liebesbeziehung ginge es vor allem um die Verwirklichung eigener Vorstellungen.

Manchem flüstert das **Heldentums**-Gesicht sogar den Gedanken zu, eine erfüllte Bindung ließe sich auch dann eingehen und erhalten, wenn der Wunschpartner in ganz anderer Weise ausgerichtet ist oder einen gar nicht liebt. Der „Held" baut schlicht und ergreifend darauf, dass sich sein Partner schon noch vollständig an ihn anpassen wird.

Wenn aber das **Heldentums**-Gesicht meint, ein ihm Verfallener bliebe auf immer in Rettungsfantasien gefangen, so irrt es. Jetzt ist der Zeitpunkt gekommen, auch dieses Gesicht unter die Lupe zu nehmen.

Schauen wir uns einmal das vorliegende Bild aus der Nähe an. In Ocampos Gemälde erfährt Quijote eine wundersame Verwandlung!

Das **Heldentum** des Don Quijote löst sich – von Nahem besehen – in Wohlgefallen auf: Sein Hemd stellt sich als Teich dar, Hals und Gesicht als Bäume im Wind, das Haar als Federwolken, der Bart als schlichte weiße Häuser. Gleichzeitig aber sehen wir, wie Don Quijote und sein Knappe Sancho Panza als reale kleine Gestalten auf Gaul und Esel den Häusern entgegentraben!

Mich persönlich hat Ocampos Bild inspiriert und erfreut, da sich Don Quijotes eingebildetes **Heldentum** tatsächlich als Illusion erweist.

Die Herzenskraft des jungen Drachens

Einige zeitgenössische Autoren dichteten Don Quijote an, er habe auch einen mit Fackeln beleuchteten Karren angegriffen, weil er ihn in der Dunkelheit für einen feurigen Drachen hielt. Drachen bekämpfen zu wollen – das würde jedenfalls sehr gut zum „Ritter von der traurigen Gestalt" passen!

Das feuerspeiende, fliegende Fabelwesen kommt in Mythen, Sagen und Legenden vieler unterschiedlicher Kulturen vor. Bei uns im Westen wurde im Drachen hauptsächlich das Bedrohliche gesehen und vor drachenhafter Lebendigkeit Angst geschürt. Zu mittelalterlichen Zeiten verband man mit diesem ungestümen Feuerwesen stets das erbärmliche Vorhaben, ihm mittels einer spitzen Lanze den Garaus zu machen.

In der fernöstlichen Symbolik hingegen verkörpert der Drache die höchste geistige Macht. In asiatischen Kulturen führt der Drache den Menschen zum Übernatürlichen und steht für die göttliche Kraft der Transformation.

In jüngerer Zeit treffen wir auch bei uns auf eine Tendenz, den Drachen in seiner Qualität als Wesen des Lichtes, der Kreativität und der Weisheit wahrzunehmen. So lesen wir bei „Jim Knopf" von Michael Ende, wie sich der Drache Mahlzahn in den „Goldenen Drachen der Weisheit" verwandelt, weil Jim Knopf ihn überwinden konnte, ohne ihn zu töten.

Der junge Drache kann mit der Kraft seines Feuers und seinem souveränen Flug über Berge und Täler geradezu als ein Symbol für Herzensöffnung angesehen werden. Eine Herzensöffnung, die sich allen Wesen gegenüber zeigt, ohne an engen Vorstellungen zu haften. So erneuert sich die Liebe stets im Hier und Jetzt, der einzigen tatsächlich zugänglichen Realität! Die Herzenskraft des jungen Drachens ermöglicht dem Menschen, mit sprühendem Charme, Engagement und Lebendigkeit zum Wohlergehen aller beizutragen – einschließlich seiner selbst.

In meiner Fantasie ergänze ich in Octavio Ocampos Bild das Hinzukommen des wunderbaren jungen Drachens. Magst du in diese Fantasie mit einsteigen (ausgehend vom Quijote-Gemälde auf S. 116)?

Ich stelle mir das so vor: Ganz hinten, zwischen den bizarr schrägen Bergkämmen versteckt, existiert eine Höhle, die Geburtsstätte des warmherzigen Drachens. Wer sich dieses Drachens annimmt, eröffnet neue Räume in sich selbst, beispielsweise mit Hilfe folgender Meditation:

Die Schale des Drachen-Eies beginnt zu knacken: Ein kleiner Drache streckt langsam seine Krallen und seinen Kopf heraus.
Und jetzt ist er vollständig geschlüpft! Er schaut mit neugierigen Augen in die Welt.
Kannst du ihn dir vorstellen?

Wie sieht er aus, dein persönlicher Drache?
Manche Drachen haben einen Kopf wie ein Löwe. Andere vielleicht wie ein Panther.
Und welche Art von Flügeln hat dein Drache? Beginnt er schon, sie auszuspannen, oder läuft er im Moment lieber mit seinen Tatzen auf dem Felsen herum?
Hat er dich denn schon entdeckt?

Lass dir Zeit, Kontakt mit deinem Drachen aufzunehmen.

Möchtest du den Glücksdrachen mitnehmen und mit ihm spielen?
Der Drache kann dir mit seiner Feuerenergie zum Inbegriff für Wärme und bedingungslose Liebe werden.

Noch ist der Glücksdrache klein und verspielt, lernt gerade erst mit verschmitztem Gesichtsausdruck das Fliegen.
Doch schon bald kann er mit seinem feurigen Atem alles in dir verbrennen, was eng und bedrückend wirkt.

Immer strahlender kann die Flamme der Liebe zu allen Wesen in dir aufleuchten: eine Kraft, die dich innerlich nährt und dich in dir selbst ruhen lässt.

Öffnest du dein Herz, gelangst du nach und nach in ein weites, reichhaltiges Leben. Hast du erst einmal Freundschaft zu deinem Drachen geschlossen, kannst du andere eher beschenken – und empfindest dabei stete Freude. Du wendest dich anderen Menschen fröhlich zu und bist zugleich gut in dir selbst verankert.

Dein Drache macht dich von innen her attraktiv! Er lässt dich unabhängig von äußeren Maßstäben leben. Seine Drachenkraft verbindet dich wohltuend mit der ganzen Menschheit, ja, mit allen fühlenden Wesen und der Natur. In der Gewissheit dieser Verbindung lebst du frohen Mutes deinen Alltag und agierst dabei immer stimmiger aus deiner Mitte heraus. Du machst die beglückende Erfahrung, dich besser in andere Menschen einzufühlen, an ihren Erlebnissen Anteil zu nehmen und ihnen Zuspruch geben zu können.

Wer sich vom Zwang verabschiedet, „perfekt" sein zu müssen, wird toleranter und offener. Er macht sich seinen Drachen zum Freund. Ganz gewiss bekämpft er ihn nicht mehr, als ob er eine Bedrohung wäre, im Gegenteil: Der innere Drache wird zum Glücksbringer und sein Feuer zur persönlichen Kraftquelle!

Die Herzenskraft des jungen Drachens ermöglicht, das Leben in treuer Bezogenheit zu einem dazu ebenfalls entschlossenen Menschen zu gestalten und mit ihm eine lebendige Beziehung einzugehen, die sich in der Frische des Augenblicks entfaltet. So kann eine Partnerschaft auch bei besonderen Herausforderungen den Stürmen des Lebens standhalten. Starke und belastbare Liebe gründet auf der Absicht beider Partner, auch Schwierigkeiten willkommen zu heißen, da deren Bewältigung oder geduldige Akzeptanz sie kräftigt.

Der Glücksdrache ist zugleich auch ein Wesen der Freiheit. Mit seinem mächtigen Flügelschlag umrundet er die Erde. Meere und Kontinente liegen unter ihm, er kennt keine Grenzen! Der Glücksdrache inspiriert dazu, eine liebevolle Beziehung einzugehen, die jedem der Beteiligten Raum für den eigenen Flügelschlag lässt. Ebenso schickt der Drache uns aber auch Energie, um zum passenden Zeitpunkt das eigene Alleinsein zu genießen und Wunden heilen zu lassen.

Fühlst du dich innerlich schon frei? Die Drachenenergie und so manche persönliche Erfahrung haben mich zu den nachfolgenden Ideen zum Freisein von Liebesleid inspiriert. Ist dir dieser Schritt erfreulicherweise bereits gelungen, so kannst du den folgenden Abschnitt getrost überspringen und zwei Seiten weiter bei „Einem Partner fürs Leben begegnen" weiterlesen.

Im Herzen vollständig frei werden

Ein gutes Stück Freiheit im Herzen erlangen wir durch den Versuch, Schmerz in der Liebe kreativ, mit Humor und einer Prise heiterer Gelassenheit zu verarbeiten. Dies ist unsere Herausforderung – und zugleich unsere Chance!

Wohltuend in diesem Zusammenhang ist das Zufriedensein, wenn wir von Zeit zu Zeit bewusst allein bleiben und uns selbst genügen. Es ist angenehm, diesen Zustand zu genießen und das Bedürfnis nach Zuwendung geistig auszuleben: beispielsweise musikalisch, denn Musik kann die Seele streicheln; oder literarisch – auch ein Buch kann wie ein Freund zu uns sprechen.

Auf einem Strand der kanarischen Inseln pflegten junge Künstler den Brauch, an lauen Abenden direkt neben der Strandpromenade große Figuren aus feuchtem Sand zu formen. Die Touristen bestaunten die daraus entstehenden vergänglichen Ausstellungen. Schon im Laufe der Nacht wurden diese aufwändig gestalteten Skulpturen von Wind und Wetter angegriffen und am darauffolgenden Tag von spielenden Kindern vollends zerstört. Das zu wissen, verdross die Künstler aber keineswegs und hinderte sie nicht an ihrem Schaffen: immer wieder gaben sie ihr Bestes. Juanjo, der damals seit Wochen unter großem Liebeskummer litt, schloss sich dieser Künstlergruppe an. Jeden Abend arbeitete er nun Gesichtszüge und Körperformen seiner früheren Geliebten aus. Nach einiger Zeit begann er, neue Figuren zu kreieren und wurde dabei immer fantasievoller. So fand er wieder zu sich selbst und entfaltete dabei eine Begabung, die ihn später zu einer Bildhauerausbildung auf das spanische Festland führte.

Heutzutage wird häufig ein ganz bestimmter, aber nicht empfehlenswerter Versuch unternommen, unglücklicher Liebe zu entkommen. In der Liebe enttäuscht, verfallen viele dem Muster, möglichst bald den erstbesten bindungswilligen Partner für sich einzunehmen. Die scheinbare Zukunftsperspektive abgrundtiefer Einsamkeit hat manchen zur Verzweiflung gebracht und voreilig in die Arme eines anderen getrieben. Ohne sich langsam anzunähern, um sich gegenseitig zu erspüren. Fast schon eine Panikreaktion. Daraus erwächst häufig eine unselige Spirale des Leidens und Leidenlassens! Warum? Ein neuer Partner kann sich in der Konstellation, zum Lückenbüßer geworden zu sein, so viel Mühe geben, wie er will – und wird sich dabei stets fragen, was er wohl falsch macht, da der Andere ihn nicht wirklich zu lieben scheint. In den meisten Fällen wird er letztlich feststellen müssen: Sein Gegenüber sucht gar nicht den Kontakt zu ihm! In Wirklichkeit sucht er einen ganz anderen Menschen, an einem anderen Ort und aus einer anderen Zeit ...

Hilfreicher ist daher, ehrlich in sich hineinzuhorchen: „Wie fühlt sich diese Verbindung für mich an? Kann ich sie aus ganzem Herzen bejahen, ihr folgen?"

Bis es so weit ist, gehe deinen Interessen und Hobbys nach, triff dich mit Freunden! Ist das Leben nicht viel zu wunderbar, zu weitläufig und vielschichtig, um die Zufriedenheit nur von einem einzigen Zustand abhängig zu machen – der allzu oft besungenen Verliebtheit und der romantischen Liebe?

Findest du immer neu zu innerer Offenheit und Gelöstheit, so strahlst du eben dies aus – und andere Menschen werden dir umso beschwingter und lockerer begegnen.

Trauer und Kümmernis wollen in gesundem Maße gelebt und nicht verdrängt werden. Sie lassen den Sog der Sehnsucht erahnen. Sie lassen uns spüren, dass wir das Herz „am rechten Fleck haben". Zudem helfen sie, uns immer sensibler auch in andere Menschen einzufühlen, denen gerade Trauriges widerfahren ist. Auf diese Weise werden wir durch Liebeskummer nicht engherziger, sondern offener für unsere Mitmenschen. Anderen in ihrem Leid beizustehen, relativiert oft auch den eigenen Herzensschmerz.

Eine Möglichkeit, sein Herz allen gegenüber in liebevoller Präsenz zu öffnen, besteht darin, jegliches Gefühl für einen geliebten Menschen im Herzen bewusst zu erleben und es in Gedanken an alle Menschen zu verströmen. Auf diese Weise bleibt man in der Liebe und kann sie in Form eines freundlichen Umgangs an die Personen weitergeben, die einem im Alltag begegnen.

Bist du auf Partnersuche, so ist es hilfreich, eine neue Bekanntschaft nicht zu früh in die Richtung zu überprüfen, ob diese Person als Beziehungspartner mit dir harmonieren würde. Bleibst du offen für die Entwicklung einer neuen Freundschaft in verschiedene Richtungen, gibst du auch der romantischen Liebe eine größere Chance! Denn sehr oft machen Menschen die Erfahrung: „Mein Partner ist ganz anders, als ich mir das mal vorgestellt hatte, aber es passt einfach so gut, wir lieben uns!"

Einem Partner fürs Leben begegnen

Der Erfüllung des Wunsches nach einem passenden Partner ist förderlich, Dankbarkeit für all das Gute im Leben zu entwickeln und der Verbundenheit zu allen Menschen Raum zu geben. Folgende Meditation kann es erleichtern, eine passende Person kennenzulernen und sich für sie zu öffnen:

Ich bringe mich in eine bequeme Sitzposition und entspanne mich immer tiefer. Ich atme tief ein und aus und spüre in meinen Körper und seine Empfindungen hinein …

Nun verbinde ich mich innerlich mit all den Menschen, die den Alltag mit mir teilen oder früher geteilt haben: Freunde, Familie, frühere Schulkameraden. Arbeitskollegen, die Nachbarn aus meiner Straße, die Menschen, bei denen ich einkaufen gehe …

Langsam lasse ich diese unterschiedlichen Gestalten vor meinem inneren Auge vorbeiziehen. Dabei achte ich besonders auf all das, was mir an ihnen viel bedeutet: ihr Lachen, ihre Stimmen, ihren Gang, die Farbe ihrer Augen ... Ich denke an viele schöne Momente, die wir miteinander verbracht haben. Sie erfüllen mich mit Dankbarkeit und Liebe.

Diese Liebe spüre ich in meinem Herzen. Nach und nach weite ich den Kreis meiner Aufmerksamkeit aus. Ich verströme das Gefühl wie eine Sonne an alle Menschen dieser Erde: Menschen in der Nähe, in der Ferne ... allen schicke ich Liebe und meine guten Gedanken.

Die Liebe erreicht auch mich selbst. Sie hüllt mich in einen Mantel der Zufriedenheit und der Gelassenheit.

Jetzt wende ich mich meinem Wunsch zu, einen Partner zu finden: Einen Menschen, der mit mir eine tiefe und innige Verbindung eingehen möchte. Ein Mensch, dem ich mich öffnen kann. Jemand, an dessen Seite ich meinen weiteren Lebensweg verbringen möchte.

Mit diesem Wunsch nehme ich Verbindung auf und schaue, ob sich vor meinem geistigen Auge ein Symbol für diesen Wunsch formt: Eine besonders schöne Blume kann es sein, eine Brücke, oder Lichtfarben ...

Den Wunsch spüre ich in meinem Herzen und wie sich das Symbol in mir und um mich herum ausbreitet. Wirklich gerne möchte ich eine Person finden, an deren Seite ich in Liebe und Erfüllung leben kann. Ich bin bereit, einen gemeinsamen Weg inneren Wachstums zu gehen. Die damit verbundenen Herausforderungen nehme ich an.

Der Mensch, dem ich begegnen werde, ist vielleicht jemand aus meinem Umfeld. Vielleicht ist es jemand, der mir noch nicht aufgefallen war. Oder ich habe möglicherweise schon mal von diesem Menschen gehört oder geträumt. Vielleicht ist er mir aber auch noch vollkommen unbekannt. Doch früher oder später werde ich ihm begegnen.

Tiefe Gelassenheit erfüllt mich, und die Gewissheit, dass ich eine zu mir passende Person finden werde. Unsere Liebe füreinander werden wir erkennen.

Jetzt stelle ich mir eine Situation vor, die für mich besonders angenehm ist: ein schöner Ort, umhüllt von Düften, erfüllt von Musik, das fröhliche Lachen unter Freunden… Und ich spreche ein tiefes JA zu mir selbst und zum Leben.
Ich spüre: Uns allen zeigt sich dieses Leben immer wieder auch großzügig und voll der guten Überraschungen.

Dieses Gefühl lade ich dazu ein, mich in meinen Alltag hinein zu begleiten.

Auf welchem Weg auch immer sich eine neue Beziehung anbahnt, ob beispielsweise im Verein, im Café, über gemeinsame Freunde, das Internet, am Urlaubsort, oder dank irgendwelcher Zufälle: Reflexionen (wie in diesem Buch angeleitet) schaffen Gelegenheit, den eigenen Anliegen und Wünschen tiefer nachzuspüren. Es wird möglich, zu fühlen, wer gut zu einem passt! Das Leben kann erfreuliche Wendungen nehmen.

Die Energie des früheren **Heldentums**-Gesichts wandelt sich zur Vital-energie. Sie übersteigt alle bisherigen Vorstellungen von Heldenhaftigkeit.

Wer den zerstörerischen Einfluss des **Heldentums**-Gesichts hinter sich gelassen hat, dem bleibt großer Mut erhalten. Dazu die Fähigkeit, sich nach besten Kräften für andere Menschen einzusetzen, sie von Herzen zu lieben und mit ihnen zusammenzuwirken, wann immer sich Gelegenheit dazu bietet.

Wahre Herzensöffnung entsteht in dem Augenblick, wo wir unsere innere Sonne für alle leuchten lassen.

9. Ende gut – alles gut?

Nun nähern wir uns langsam der Stelle, an der diese „Fantasiereise" ihr
Ende nimmt. Aus neu gewonnener Perspektive erkennen wir, wie harm-
los die *illusionären Gesichter der Liebe* im Grunde immer schon waren.
All ihre Tricks sind nichts weiter als ein buntes Spiel menschlichen
Geistes. Diese Erkenntnis erinnert an den griechischen Philosophen
Epiktet, der bereits zu Beginn der abendländischen Zeitrechnung
bemerkte: „Drum, wenn wir nicht immer so können, wie wir gern
möchten, wenn wir Unruhe und Schmerz empfinden, wollen wir uns
hüten, die Schuld anderswo zu suchen: Die Ursache liegt in uns und
unseren Vorstellungen …"

Die Verwandlung unserer Illusionen geschieht individuell. Die transfor-
mierte Energie kann nun positiv für das eigene Leben genutzt werden.
Die illusionären Gesichter aus diesem Buch wandeln sich in kraftvolle
Attribute wie: Treue, Einsatzbereitschaft, Differenziertheit, Konfliktfähig-
keit, Vertrauen, Fantasie, Hingabe, Mut. Entfaltest du dich authentisch
selbst, so dienen diese Qualitäten deinem Wohlergehen und bereichern
fortan das innere Fest.

Vielleicht machen einige Bekanntschaft mit weiteren Gesichtern unglücklicher Liebe, die in diesem Buch noch nicht benannt wurden. Dann kann man auch ihnen jeweils passende Namen geben. Aus der Nähe besehen wird ihre wandelbare Natur erfahrbar und ihre hilfreichen Qualitäten treten hervor. Solch ein spielerischer Umgang mit inneren Mächten führt zu neuen Erkenntnissen.

Sogar innerhalb einer erfüllten Liebesbeziehung werden dir frühere illusionäre Gesichter dienlich sein. Die verwandelte **Naivität** hilft, deinem Gegenüber immer wieder neu und frisch zu begegnen, so, als wärest du nie verletzt worden. Die entschärfte **Strategie** zeigt Wege, deinen Partner auf ansprechende, spielerische Weise in ein zärtliches Miteinander zu locken. Das gezähmte **Wenn-dann**-Gesicht wiederum ermuntert, über eine gemeinsame Zukunft fantasievoll nachzudenken. Das gelöste **Wunschdenken** schließlich trägt dazu bei, deinen Partner in positivem Licht zu sehen und auch dessen Unzulänglichkeiten anzunehmen … Finde heraus, was du mit den früheren illusionären Kräften alles bewirken kannst!

Der bewusste und kreative Umgang mit Fantasien in der Partnerschaft führt dich zu einer Ebene der spielerischen Beschäftigung mit den Möglichkeiten des Lebens, woraus Freude, Inspiration und Verwandlung entstehen können.

Und falls du noch immer nicht genug von dem Spiel der illusionären Gesichter hast:

Möglicherweise entdecken wir bei Freunden so etwas wie Kräfte unglücklicher Liebe, wenn sie in einer Herzensangelegenheit um Rat fragen. Dann helfen einfühlsame Gespräche ebenso wie die Art unseres Umgangs: offenherzig, anregend, mal tanzen oder spazieren gehen, gemeinsam einen Kaffee trinken, Bemerkungen mit Witz und Charme spiegeln ... Derlei Aufmunterungen unterstützen den Weg zu einem fröhlichen, fließenden Sein! Manchmal ist es jedoch am hilfreichsten, jemanden einfach in den Arm zu nehmen und mit wenigen Worten zu begleiten. Die mitfühlende Nähe eines Freundes kann Wunder bewirken.

In diesem Sinne, liebe Leserin, lieber Leser: meine besten Wünsche für dein ganz persönliches Glück!

Wann immer du Gefahr läufst, im Sehnen nach einem anderen Menschen die eigene Mitte zu verlieren, verbinde dich vor jedem weiteren Schritt tief mit dir selbst: mit deiner Kraft, deinen Lebenszielen, deiner Treue zu dir. Bleibst du im Kontakt zum Anderen ganz in dir selbst verankert, so kannst du dich unbesorgt für eine der faszinierendsten Erfahrungen öffnen: dich dem Geheimnis eines Mitmenschen anzunähern und dich dem Dialog der Herzen hinzugeben.

Ist dir trotz aller erlebten Verwicklungen eine innige Paarbeziehung weiterhin wichtig, so ringe um die Liebe – Seite an Seite mit einem Menschen, der diesen Weg ehrlich mit dir gehen möchte. Bewahre dabei das Wissen in deinem Herzen, dass stets viele liebe Menschen deine Pfade teilen.

Der Tanz der Liebenden spielt mit Nähe und Distanz, er kennt nicht nur das Schnelle, sondern auch das Langsame. Gerade in einer Zeit, in der letzte Tabus zu fallen beginnen, ist es umso erfüllender, sich immer wieder mit besonnenen Schritten einander anzunähern und die allmähliche Entwicklung von Vertrautheit wie ein Fest zu feiern.

Was kann aus der Kraft einer aufkeimenden Liebe alles entstehen? Die Partnerschaft einer meiner Freundinnen, die seit 30 Jahren glücklich besteht, inspirierte mich – als häufiger Gast in ihrer Familie und dank vieler Gespräche – zu folgendem Text:

Perspektiven

Wie lässt sich eine Beziehung über so eine lange Zeit beschreiben? Darf ich in Worte fassen, was ich erahne und du mir berichtest?

Tiefe Herzensbegegnung. Immer wieder von Neuem. Selbst kürzeste Momente der Zuwendung speisen den Alltag und erquicken. Für die Beziehung und das Umfeld Liebevolles tun zu können, lässt das Herz beider vor Kreativität sprudeln!

Im wachsenden Bewusstsein von den unterschiedlichen Lebenswelten der Partner schafft man immer wieder von Neuem Begegnung. Jede Gelegenheit wird genutzt, um sich gegenseitig zu verstehen und sich gemeinsam weiterzuentwickeln. Zugleich sorgt jeder auch für seine eigene Zufriedenheit und erwartet Erfüllung nicht ausschließlich vom Anderen. Und mit wachem Interesse wendet man den Blick auch dem zu, was der Partner für sich selbst entdeckt und in sich vollbringt.

Aus der langen Zeit des Zusammenseins ist eine abwechslungsreiche gemeinsame Geschichte entstanden. Darin mit Herzblut hineinge- schrieben ist der Umgang mit Herausforderungen. Wir lesen gerade hier von der Freude, Probleme miteinander zu meistern. Und von der Gelassenheit, Belastungen anzunehmen und damit zu leben! Auch von der gewachsenen Zuversicht hören wir, dass auftauchende Schwierigkeiten ihre Lösungen finden werden – manchmal auf einer bisher unerforschten Ebene, die sich durch das Problem erst erschließt.

Konflikte erweisen sich als Chance zum Weiterwachsen. Denn man ist und bleibt beieinander und bewahrt diese Kostbarkeit als Geschenk. Tiefes Vertrauen stellt sich ein, sich selbst und dem Partner gegenüber. Miteinander geht es beständig vorwärts, auch durch das Dickicht des Alltags hindurch.

Bisweilen aber lässt die Liebe beide gemeinsam innehalten, um den Herzschlag des Anderen zu spüren.

Erfüllende Partnerschaften können – je nach den beteiligten Persönlich- keiten sowie der Lebensphase – sehr unterschiedliche Formen annehmen. Manche Paare wollen sich stets füreinander einsetzen, auch im Alltag kleine Zeichen austauschen, sich gegenseitig helfen. Sie kooperieren, wo nur möglich. Andere leben in eher stillem Einvernehmen und sanfter Selbstverständlichkeit zusammen. Weitere wiederum sind stärker indi- vidualistisch orientiert und leben ihre Zuneigung und ihren regen Aus- tausch lieber in besonderen Momenten – intensiv und eher außerhalb des Alltags.

Bei aller Unterschiedlichkeit scheint mir eine bestimmte Schlüssel-erfahrung wesentlich zu sein: gut in Kontakt miteinander zu bleiben. Verwurzelt zu sein in der eigenen Innenwelt und sich gegenseitig dahin einzuladen. Daraus entsteht eine Dynamik, aus der die Liebe genährt wird. Immer sensibler vermag man sich nun aufeinander einzustimmen.

Das Herz schenkt uns vielfältige Ideen, um die Menschen zu erheitern, die uns nahestehen. Hier nimmt der Partner eine sehr besondere Rolle ein. Ein zu ausschließliches Umeinander-Kreisen wäre der Liebe jedoch eher abträglich.

Die Energie, die in der Paarliebe entflammt, kann das Wirken in Familie und Gesellschaft immens beflügeln.

„Liebe ist nur möglich, wenn sich zwei Menschen aus der Mitte ihrer Existenz heraus miteinander verbinden, wenn also jeder sich selbst aus der Mitte seiner Existenz heraus erlebt. Nur dieses ‚Leben aus der Mitte' ist menschliche Wirklichkeit, nur hier ist Lebendigkeit, nur hier ist die Basis für Liebe. Die so erfahrene Liebe ist eine ständige Herausforderung; sie ist kein Ruheplatz, sondern bedeutet, sich zu bewegen, zu wachsen, zusammenzuarbeiten. (…) Für die Liebe gibt es nur einen Beweis: die Tiefe der Beziehung und die Lebendigkeit und Stärke in jedem der Liebenden."

Erich Fromm „Die Kunst des Liebens"[11]

[11] Erich Fromm *„Die Kunst des Liebens"*, Berlin 70. Auflage 2012, S. 119

10. Inspirationen aus der metamorphischen Kunst Octavio Ocampos

Bemerkenswert ist, dass der im Jahre 1943 in Celaya (Mexiko) geborene Maler schon sehr früh seine Leidenschaft entdeckte, in der Natur und in den Dingen versteckte Figuren wahrzunehmen. Die Schriftstellerin María Luisa Mendoza, eine der Ersten, die die malerische Hochbegabung Octavios schon zu dessen Jugendzeit in Gänze wahrnahmen, vermittelte der Familie Ocampo mit Vehemenz die Notwendigkeit eines Kunststudiums in Mexiko-Stadt. Sie ließ den Vater unmissverständlich wissen: „Sie tragen eine Verantwortung gegenüber Mexiko und der ganzen Menschheit!"[12] Diese Worte stellen sich nun, rückwirkend betrachtet, als durchaus angemessen heraus.

Angesichts seines bisherigen Lebenswerks, das sich zunehmend auf die von ihm entwickelte „Arte Metamórfico" konzentrierte, möchte ich fragen: Worin besteht nun wohl der für die Menschheit unverzichtbare Beitrag Ocampos?

Dem Publikum stellt sich Ocampos Malerei als virtuoses, faszinierendes Spiel mit Formen dar: Diese fügen sich je nach Entfernung und Betrachtungsweise zu unterschiedlichen Aussagen und Gestalten. So entstehen nicht selten drei oder mehr Betrachtungsebenen.

Um dem Leser einen Eindruck von dieser Reichhaltigkeit zu verschaffen, möchte ich beispielhaft das Bild „Manzanas del amor" („Liebesäpfel") vorstellen, das für *„Liebe oder Illusion?"* als Titelbild gewählt wurde. Hier sehen wir uns gleich vier Betrachtungsebenen gegenüber:

[12] Zitiert nach *„Arte Metamórfico"*, Zürich 2013, S. 10.

▲ Octavio Ocampo 2005: „*Manzanas del amor*"

1. Eva, langgestreckt, wie sie einen reifen Apfel vom Baum pflückt. 2. Aus Evas Konturen mit wallendem Haar, den Vögeln im Wind und dem Apfelbaum entsteht ein weiteres Bild: ein großdimensioniertes junges Pärchen, das sich einander sehnsuchtsvoll annähert. 3. Der Fels im Meer, auf dem Eva und der Baum stehen, lässt 90° nach rechts gedreht das Gesicht von „Mutter Natur" mitsamt einem schlangenhaft-erotisch nach den Äpfeln greifenden Arm hervortreten. 4. Das Laub des Apfelbaums fügt sich dergestalt zusammen, dass im Zentrum des Blattwerks das liebevoll schauende Antlitz Gottvaters erkennbar wird. Eine „wolkige" Putte reicht Eva einen Apfel und animiert sie, beherzt nach einer der prallroten Früchte des Baumes zu greifen. Eine ebenfalls aus Wolken geformte Friedenstaube nähert sich Eva im Fluge, um ganz nah bei ihr zu sein. Im Meer und im Himmel zeichnen sich, zart ange-deutet, weitere friedvoll-harmonische Gesichtszüge ab.

In diesem feinen Bild erwächst so aus Ocampos meisterhaften Pinselstrichen eine immense Vielfalt. Thematisch aufeinander bezogen, lösen einzelne Gestaltungen und Elemente der ungewöhnlich facetten-reichen Bilder Ocampos oft auch sehr aufschlussreiche und emotional kontrastierende Erfahrungen aus (siehe beispielsweise „Jaque mate" im dritten Kapitel meines Buches), sodass man nur schwer aus dem Staunen, Überraschtsein, Schmunzeln und Erkennen neuer Zusam-menhänge herauskommt.

Aus kunstgeschichtlicher Perspektive lässt sich feststellen: Ocampo hat den Surrealismus weiterentwickelt in einer faszinierenden Vollendung der Form.

Es gibt jedoch noch eine weitere mögliche Sicht auf seinen Beitrag, die ich hinzufügen möchte:

Ocampos Geschenk an die Menschen besteht auch in einem Wachrufen der Fähigkeit, unser tägliches Leben multidimensional und somit facettenreicher wahrzunehmen. Wir alle bringen diese Gabe von Natur aus mit; sie wurde uns jedoch durch das rationale Zweckdenken des Industriezeitalters abtrainiert (das derzeit wiederum zunehmend durch neue Modelle abgelöst wird).

Dazu ein alltägliches Beispiel: Wenn ich zum Bäcker gehe und auf dem Weg dorthin nur mein Verlangen nach Brötchen und sonst gar nichts im Sinn habe, so werde ich diesen Weg einfach zielorientiert zu Ende gehen. Schwerlich werde ich das glänzendschwarze Amselmännchen auf dem Gartenzaun erspähen und bemerken, dass der Zweig in seinem Schnabel deutlich über die eigene Flügelspannweite hinausragt; auch werde ich wohl kaum spüren, wie erfrischend gerade heute der Morgenwind durch mein Haar und über mein Gesicht streicht …

Lassen wir uns dagegen auf eine multidimensionale Wahrnehmung ein, so gewinnt das Gefühl für Zeit nicht nur an Länge, sondern auch an Tiefe. Unendlich viel scheint während einer einzigen Minute zu geschehen. Gehen wir derart offen durchs Leben, gelingen viele Dinge leichter, sogar parallele Abläufe und Vorhaben finden ein gutes Ergebnis. Ansonsten meist langwierige Aufgaben fügen sich schneller zu einem konstruktiven Ganzen zusammen. Ein Lebensfluss, wie von der Natur inspiriert: Alles erfüllt verschiedene Zwecke gleichzeitig, in einen gesunden Kreislauf integriert.

Ocampo vermag zu einem solch intensiv gelebten Zeitgefühl anzuregen, dem sich wohl jeder Mensch zuweilen hingeben kann. Seine Bilder locken die Fantasie und lassen uns spüren, dass Eins und Eins eben viel mehr als „nur" Zwei sein kann. Das Einlassen auf ein derartiges Bewusstsein macht flexibler, zugewandter!

Somit lässt sich auf dieser künstlerisch orientierten Stufe der Darstellung verstehen, warum die Fähigkeit, gleichzeitig mehrere Perspektiven der Wirklichkeit ins eigene Bewusstsein aufzunehmen, zwischenmenschliche Beziehungen erfüllter zu leben ganz wesentlich erleichtert. Andere Menschen fokussieren die Außenwelt nur selten oder nie in derselben Weise wie man selbst. Doch dank der spielerischen Impulse, die Octavio Ocampo mit seiner metamorphischen Kunst setzt, wird solche Vielfalt viel eher als Bereicherung erlebt.

Die fantastische Welt der „Arte Metamórfico" zeigt auf, wie sich unterschiedliche Perspektiven zum Leben konstruktiv zusammenfügen lassen. Die Zartheit der Formen in Ocampos Werk macht wach und empfänglich, nicht nur für all das Gute und Schöne um uns herum, sondern auch für das Wahrnehmen anderer Menschen in der Tiefe.

Die Bilder aus dem Buch sind in folgenden Seiten des umfangreichen Kunstbandes der Edition Olms „Arte Metamórfico", ISBN 978-3-283-01212-0, enthalten:

Titelbild sowie Kapitel 10: S. 146 aus „Arte Metamórfico": „Manzanas del amor" (Liebesäpfel)
Kapitel 2: S. 18 aus „Arte Metamórfico": „Boca flor" (Blumenmund)
Kapitel 3: S. 92 aus „Arte Metamórfico": „Jaque mate" (Schach matt)
Kapitel 4: S. 128 aus „Arte Metamórfico": „El bien y el mal" (Das Gute und das Böse)
Kapitel 5: S. 129 aus „Arte Metamórfico": „Simposium de mariposas" (Symposium der Schmetterlinge)
Kapitel 6: S. 19 aus „Arte Metamórfico": „Familia de pájaros" (Vogelfamilie)
Kapitel 7: S. 57 aus „Arte Metamórfico": „Silencio" (Ruhe)
Kapitel 8: S. 110 aus „Arte Metamórfico": „Quijote" (Don Quijote)

Wir danken der Edition Olms, Zürich, sehr herzlich für die freundliche Abdruckgenehmigung.

Nachwort von
Tilmann Lhündrup Borghardt

Es fließen viele Tränen besonders aus dem Grund, dass wir oft meinen, die äußere Wirklichkeit sei das Einzige, was zählt, und noch nicht gemerkt haben, dass wir mit unserem Geist, mit unseren Vorstellungen, die eigentlich relevante Wirklichkeit erschaffen: das innere Erleben der Situationen durch unseren Umgang damit. Auch die Liebe ist eigentlich etwas so Wunderbares. Doch wie kommt es dann, dass wir immer wieder an Liebesschmerz leiden?

Die Autorin Sylvia Führer hat dieser Frage nachgespürt. Dabei verlieh sie denjenigen Kräften, die uns Menschen dazu verleiten, an einer unglücklichen Liebe festzuhalten, einen Namen: „illusionäre Gesichter". Diese verwirrenden Kräfte könnten durchaus auch ganz anders heißen. Indem wir sie benennen und einmal so betrachten, als lägen sie außerhalb unserer selbst, können wir sie gefahrlos untersuchen. Wir lernen die vermeintlichen Störenfriede genauer kennen und werden schließlich fähig, sie aufzulösen und die an sich gesunde Kraft in ihnen wahrzunehmen und zu nutzen.

Das Buch ist ein kreativer Beitrag, um die Arbeit mit Emotionen anzugehen: sie mit Humor zu benennen und immer mehr der inneren Weisheitsstimme zu vertrauen. Es schenkt einen humorvollen Blick auf unser Erleben, ohne uns in allzu tiefschürfende Analysen zu führen. Es bietet ein freundliches Bekanntmachen mit diesen im Grunde harmlosen Illusionen, die immer wieder ihr Unwesen in uns treiben. Dabei handelt es sich um „Streiflichter", die uns leichte, unbeschwerte Einblicke in diese fast schon bewussten Dynamiken schenken. Erfahrungen werden verdichtet und künstlerisch dargebracht, ohne in irgendeiner Weise Anspruch auf Vollständigkeit zu erheben.

Das Abwechseln der humoristisch-satirischen Einführungen mit den liebevollen Auflösungen dürfte das Genre der klassischen Ratgeber um einen mehr imaginativ-kreativen Zugang zu unseren Lebensthemen bereichern.

Das Buch trägt dazu bei, ein Gewahrsein für die Prozesse zu entwickeln, die oft in Liebesbeziehungen ablaufen; es enthüllt einige der wesentlichsten Kräfte, die hierbei wirken und zeigt uns Wege des heilsamen Verstehens. Die zehn schlanken Kapitel dürften nicht nur bei unglücklicher Verliebtheit und Trennung helfen, sondern auch innerhalb gelebter Beziehungen, um sich selbst gerade noch rechtzeitig auf die Schliche zu kommen. Denn aus der Nähe betrachtet entpuppen sich unsere Probleme überraschenderweise als wahre Quellen der Einsicht und der Liebe – und so dient das Buch dazu, spielerisch neue Sichtweisen einzunehmen. Es zeigt, wie wir immer wieder die Perspektiven ändern können und vermittelt dies eindrücklich in Bildern.

In der Beschreibung der sieben Grundtypen wie auch in deren Auflösung finde ich viele spirituelle Qualitäten wieder, die stets auch menschliche Grundqualitäten sind. Unser Geist befreit sich aus einengenden Sichtweisen, wird spielerischer, freier, ausdrucksstärker und humorvoller – und so fällt es uns leichter, über uns selbst zu lachen. Das Buch setzt keine bestimmte spirituelle Ausrichtung voraus, jeder Interessierte wird Nutzen daraus ziehen können.

Ich kann es sehr als Gutenachtlektüre, als Lesestoff für entspannte Stunden empfehlen, denn in genau solchen Stunden habe ich es mehrfach gelesen und meine Bemerkungen einfließen lassen. Zugleich kann es auch ein erster Rettungsanker sein in einer emotional aufgewühlten Situation, ein helfendes Geschenk für Momente der inneren Not, ein erster Lichtblick in Zeiten, wo wir uns im Dunkeln wähnen. Es kann vermutlich auch ein Bewusstsein dafür wecken, dass wir mehr Unterstützung möchten, oder einfach dafür, worum es uns im Leben geht.

Dr. Tilmann Lhündrup Borghardt
www.awakeningtosanity.net

Weiterführende Literatur von Hans Jellouschek zu angrenzenden Themen:

Achtsamkeit in der Partnerschaft
Was dem Zusammenleben Tiefe gibt
Kreuz Verlag
ISBN 978-3-451-61004-2

Was die Liebe braucht
Antworten auf die wichtigsten Beziehungsfragen
Kreuz Verlag
ISBN 978-3-7831-3363-9

Liebe auf Dauer
Was Partnerschaft lebendig hält
HERDER spektrum, Band 6012
ISBN 978-3-451-06012-0

Die Paartherapie
Kreuz Verlag
Reihe: Psychotherapie konkret
ISBN 978-3-7831-2511-5

Beziehung und Bezauberung
Wie Paare sich verlieren und wiederfinden, gespiegelt in Märchen und Mythen.
HERDER spektrum, Band 6172
ISBN 978-3-451-06172-1

Wie Partnerschaft gelingt
Spielregeln der Liebe
Verlag Herder, Freiburg 1998
ISBN 978-3-4512-6660-1

Warum hast du mir das angetan?
Untreue als Chance
Piper Verlag GmbH
ISBN 978-3-4922-3892-0

Die Kunst als Paar zu leben
Kreuz-Verlag, Zürich-Stuttgart
ISBN 978-3-7831-2614-3

Im Irrgarten der Liebe
Dreiecksbeziehungen und andere Paarkonflikte
Herder Verlag
ISBN 978-3-4510-6369-5

Wagnis Partnerschaft
Wie Liebe, Familie und Beruf zusammengehen
Herder Verlag
ISBN 978-3-4512-8345-1

Grenzen der Liebe
Nähe und Freiheit in Partnerschaft und Familie
von Hans Jellouschek und Bettina Jellouschek-Otto
Klett-Cotta
ISBN 978-3-608-94592-8

Von der Liebe ergriffen – Paare und Spiritualität
von Hans Jellouschek (Hsg.)
Präsenz-Verlag
ISBN 978-3-87630-206-5

Familie werden – Paar bleiben
Wie man einen wichtigen Lebensübergang meistert
von Hans Jellouschek und Bettina Jellouschek-Otto
Huber Verlag
ISBN 978-3-456-85388-8

Ins Herz geflüstert – Die Seminare zum Buch

Seit über 10 Jahren begleiten Claudia Müller und Frank Schulze Menschen in ihrer Persönlichkeitsentwicklung. In ihren zahlreichen Seminaren und Coachings unterstützen sie die Teilnehmer auf ihrem Weg der Selbsterkenntnis, persönlicher Entfaltung und Liebe.

Sylvia Führer hat Claudia und Frank eingeladen, Seminare zu entwickeln, die ihr Buch „Liebe oder Illusion?" vertiefen und auf praktische Art und Weise erlebbar machen. Die Teilnehmer erfahren, wie sie sich von beschränkenden Vorstellungen und Verhaltensmustern befreien können, sodass ein liebevolles Miteinander in Beziehungen möglich wird. Claudia und Frank zeigen Wege auf, wie jeder Teilnehmer ganz persönliche Lösungen entwickeln kann, um seinen eigenen Ausdruck der Liebe zu leben.

In ihren Seminaren für Singles und Paare laden sie ein, sich auf eine innere Entdeckungsreise zu begeben und neue Räume der Liebe in sich zu öffnen. Die Ausrichtung ist, die Liebesfähigkeit für sich selbst, für den Partner und für die Welt zu entfalten und zu vertiefen.

Kursanfragen können Sie gerne direkt richten an: mail@ins-herz-gefluestert.de Weitere Informationen zu den „Ins Herz geflüstert"-Seminaren finden Sie unter: www.ins-herz-gefluestert.de Beide Kursleiter stehen persönlich und telefonisch auch für Einzelcoachings zur Verfügung.

Claudia Müller (geb. 1977, Heilpraktikerin)
Frank Schulze (geb. 1957, Dipl.-Päd., Dipl.-Theol.)

Zur Autorin

Sylvia Führer wurde in Stuttgart geboren und ist von Jugend an eine vielseitige Querdenkerin und Erfinderin. Sie wuchs auf Gran Canaria (Spanien) auf und absolvierte an der Pädagogischen Hochschule in Freiburg i. Br. das Studium von Musik und Religion, welches sie mit dem Lehramtsexamen abschloss. Seit langen Jahren beschäftigt sie sich auch mit Psychologie und Meditation als Schülerin von Dr. Tilmann Lhündrup Borghardt.

Sylvia Führer ist in Freiburg und Umgebung als Musik- und Spanischlehrerin sowie als freie Autorin tätig. Sie entwickelte eine neue Methodik für den Instrumentalunterricht, aus der ein musikpädagogisches Standardwerk entstanden ist. Aus ihrer Feder stammt zudem ein Kinderbuch mit dem Titel „Die Münze Nuria", das auch von Erwachsenen gern gelesen wird. In Fachzeitschriften ist Sylvia Führer dafür bekannt, dass sie unterschiedliche Denkansätze zusammenführt und dadurch Verständigung erleichtert. Seit 2007 arbeitet sie vorrangig in der Erwachsenenbildung.

Inspiriert durch eine Erfahrung in ihrer Jugend hat Sylvia Führer das Thema Freisein von Liebesleid im vorliegenden Buch auf innovative Weise dargestellt. Auf fantasievollen Wegen erschließt sie Betroffenen und Interessierten neue Herangehensweisen, um sich bei Liebesschmerz emotional zu befreien und Beziehungen harmonisch zu gestalten.

Siehe auch: www.Sylvia-Fuehrer.de